JEAN LARTIGUE

A L'ÉCOLE DU RÉEL

PARIS

" La Connaissance "

M CM XX

A L'ÉCOLE DU RÉEL

JEAN LARTIGUE

A L'ÉCOLE DU RÉEL

NOTES
(FLANDRES, 1914 - 1915)

On se lasse de tout,

excepté de connaître.

PARIS

" **La Connaissance** "

9, Galerie de la Madeleine, 9

—

M CM XX

AVERTISSEMENT

———

Ce petit livre fut présenté en Juillet 1917 à la *Revue des Deux-Mondes*, qui en retint le manuscrit et publia, dans son numéro du 1ᵉʳ Juin de l'année suivante. les chapitres II, III, VI, VII, X, XVIII, XIX, XXI et XXII.

Dans le principe, l'intention de l'auteur était de diffuser un écrit qu'il supposait capable d'action persuasive sur certains esprits enclins à la défiance; l'époque, la plus éprouvante de la guerre, exigeait le concours des forces les plus diverses, pourvu que la direction en fût nettement française.

Des difficultés matérielles ont retardé la tentative jusqu'au delà du moment où elle devint superflue. L'impression de ces notes, désormais inactuelles, n'a d'autre but que de les mettre plus aisément sous les yeux d'amis indulgents et de quelques indifférents choisis, dont le nombre a limité le chiffre du tirage. Cependant, comme il peut être des amis ignorés, l'auteur a fait ajouter pour eux un petit nombre d'exemplaires qu'ils sauront, espère-t-il, trouver, et l'excuseront de ne pas leur offrir.

Paris, Janvier 1920.

CE volume a été imprimé par Pierre Dykmans, maître-imprimeur, à Bruxelles, pour la maison d'édition à l'enseigne : « La Connaissance » et sous la devise : « On se lasse de tout excepté de connaître ». Il a été tiré à huit exemplaires nominaux et deux cent vingt-cinq exemplaires numérotés de 1 à 225 sur vergé d'Arches.

Le 15 novembre 1920.

EXEMPLAIRE N° 133

JUSTIFICATION DU TIRAGE

A MA MERE.

Voici des pages marquées de millésimes trop lourds pour que s'en puisse atténuer l'empreinte. Le temps n'est pas encore venu où la joie de tout un peuple jaillira dans un chant de fierté. Alors, elle exigera de hautes paroles, cette guerre qui compromit éperdument notre France, la fit se redresser d'un geste superbe, puis, fauché tout sentimental espoir d'imprévu, la conduit à la victoire par l'austère chemin de persévérance.

D'autres, qui pendant sa durée gardèrent un suffisant recul, sauront, dans l'ample moisson des faits, mettre en gerbe ce qui doit emplir le grenier où s'alimentera d'héroïsme la mémoire des générations prochaines. Une telle entreprise n'est pas la mienne, et je crois que certains, qui goûtèrent par trop les clameurs du canon, peu soucieux d'échafauder des apothéoses, poseront volontiers leur clairvoyance sur de simples silhouettes d'actions ou d'idées, ainsi que les yeux quittant l'éclat de couleurs marines se plaisent à voir, à la crête d'un coteau distant, l'aigre profil des cyprès se détacher sur le ciel tendre de Touraine.

Vous trouverez souvent ici le nom de Baltis, mon frère d'armes, et ce n'est pas toujours quand j'ai reproduit ses paroles que vous reconnaîtrez le plus sûrement sa pensée. L'effort eût été peu amical de choisir avec trop de soin dans la mienne ce qui ne lui doit rien. Côte à côte nous avons reçu l'enseignement commun, spectateurs emmêlés avec le spectacle à ne distinguer plus si nous étions là pour le plaisir de nos yeux ou le jeu de nos corps. Quand sa mort m'eut ouvert la solitude aux longs

desseins, et que je voulus faire le départ de ce qui
devait être gardé ou réprouvé de notre butin de
guerre, son aide me hanta dans l'absence si fidè-
lement que je crus ne pouvoir plus assembler des
mots que pour lui. Mais une piété si jalouse n'ayant
pu prévaloir contre le désir de persuasion éclos à
la chaleur de l'époque présente, j'écris pour qui
veut bien lire.

Et c'est vous que je prie d'accepter l'offrande de
ces notes, comme c'est aux Mères que, sur la lisière
du sol envahi, sont dédiés les gestes gardiens.

J. L.
Mai 1916.

2

De même que deux hommes, la mesure à la main, se querellent sur le partage d'un champ commun et se disputent la plus petite portion du terrain, de même, séparés par les créneaux, les combattants heurtaient de toutes parts les boucliers au grand orbe et les défenses plus légères. ILIADE.

UN JALON

UN soir d'Octobre, les coudes au rebord de la
tranchée, je regardais la prairie étendue de-
devant moi, en contre-bas de la berge de l'Yser. A
quelques centaines de pas, des maisons achevant
de se carboniser marquaient la ligne ennemie,
désormais installée là, avec son parapet de terre
et ses mitrailleuses vigilantes, comme nous
sommes installés ici, les fusils posés dans les
créneaux. Je regardais cet espace vide (sinon des
cadavres allongés par groupes de dormeurs sur
l'herbe spongieuse inondée de clarté lunaire), cet
espace interdit, doublement excommunié, sans
maître, et devenu tel non point par une con-

vention, un acte volontaire, mais par la force irraisonnée des choses. C'est le lieu où deux masses humaines, aliénant leur liberté pour se soumettre aux lois des phénomènes, ont trouvé l'équation de leurs poussées. Et sur le contour brisé, capricieux, obligatoire pourtant comme le trait de fente d'une faïence que l'on chauffe, l'angle de route où s'appuie notre tranchée semblait épingler un jalon.

Nous en avions fait d'instinct notre point de ralliement, deux semaines plus tôt, lorsque le forcement des lignes de l'Yser avait soudain menacé la Flandre encore sauve, et c'est à lui qu'après les alternatives d'une rude journée, nous avions accroché une ligne de résistance qui ne devait plus fléchir.

Au milieu du paysage simplifié par la nuit, l'arête d'ombre précise comme un repère, prenait une vertu de durée étrange : définie par un concours de hasard et de dynamisme également absolus, l'un dans sa fortuité, l'autre dans son équilibre, elle était un axe de cristallisation d'où se propageait l'immuable. Attentif à la considérer, je sentis qu'elle condensait en soi l'extraordinaire qualité de *réel,* alentour diffuse. Comme d'un signe d'écriture, tout un enseignement en dérivait.

L'on a tôt fait de s'égarer parmi les hypothèses que suscite la définition du réel. Mais il devenait possible, et d'une singulière importance, d'en accepter la notion relative. L'angle de terre levée était avec évidence moins fictif qu'un poteau-frontière, de même que le combat qui nous en avait faits maîtres, plus concret qu'un exercice d'infanterie. Un classement neuf s'ordonnait d'après le repère matériel, et les idées en marche pour y prendre leur rang semblaient croître en certitude et clarté.

Il y avait ainsi dans cette guerre autre chose que le beau jeu d'action, l'essai joyeux des courages : un jardin de données révélatrices s'offrait, invisiblement superposé au champ de bataille et non moins fertilisé par le sang. Agir et regarder ne suffisaient plus dès lors.

✝

Le métier des armes s'éclaire et se vivifie quand
on y prend pour guide le sens de la réalité.
Durant la paix, on imagine à peine combien il en
dévie. L'armée est une machine que l'on doit tenir
prête à fonctionner soudainement à grande allure
sans l'avoir jamais « balancée » ; on ne peut que
l'essayer pièce à pièce, ou plutôt en supposer
l'essai. Aux manœuvres, l'arbitre, chronomètre en
main, avertissant un colonel que son régiment,
depuis tant de minutes sous le feu de telles
batteries, a le tiers de ses hommes hors de combat,
est comme le porte-drapeau de la fiction ; on s'est
pourtant accoutumé à voir en lui le représentant
légitime du réel. Et l'esprit de devoir, plein
d'embûches pour l'officier privé du contrôle par
le feu, pactise avec l'hypothèse pour masquer
la complexe nudité des choses. Beaucoup ont été
surpris quand cette guerre advint, déçus de ne
pas y trouver ce qu'ils attendaient, c'est-à-dire le
service embelli par le rehaut du danger, mais un
ensemble de faits formant bloc et qui s'impose tel
quel. Ils auraient voulu qu'elle suivît avec plus de
docilité les règles admises. Mais la guerre ne

prime-t-elle pas la fonction du guerrier ? Si donc
nous avions prévu certains emplois des armes,
certaines méthodes, et que d'autres soient exigés,
nous devons nous hâter d'oublier notre faux savoir
et nous ouvrir à la leçon.

*

Le Réel n'est pas malléable aux fantaisies de
l'abstraction : il ignore les complaisances.
S'adapter à lui, le saisir dans son ensemble et ses
menus rouages, n'est pas œuvre facile pour
l'esprit : il y faut plus de souplesse que pour
assembler des théorèmes ou concevoir des thèmes
de manœuvres. Il y faut plus d'intelligence, qui
est justement cette prise d'empreinte par l'esprit
de ce qui lui est proposé au dehors. Et rien n'est
plus différent de lui, ne nécessite par conséquent
une projection plus vigoureuse, que l'objet le
plus positif. Pour nous, cet objet se nomme la
Guerre, et, dans la guerre, ce qui plus précisément nous est opposé : l'Ennemi.

Un riche butin est promis à qui s'aventure si
loin de l'enclos des idées pour faire irruption au

centre même du royaume inverse. Il sent une chaleur inhabituelle, montant d'un autre foyer que celui dont nous empruntons d'ordinaire les braises ; un contact avec la nature des choses et l'instinct des êtres, et, par retour, avec la profonde vie inexprimée. Il mesure la tare de ses muscles, la portée de sa voix, l'amplitude de sa foulée, la longueur d'onde de ses désirs essentiels.

1914.

REFLUX

L ES signes pesaient de plus en plus néfastes sur
la douce ville avec le déclin du jour, ce soir-là.
Dixmude, au milieu dú troisième mois de guerre,
était encore incertaine de son sort dont,
anxieuse, elle guettait les indices.

Incessamment, des soldats débandés arrivaient
de l'Est, hésitants dans leurs pas et vagues dans
leurs réponses. L'armée du duc de Wurtemberg,
que la chute d'Anvers rendait libre, avançait à
grandes étapes vers Calais, refoulant d'une
poussée brutale les débris des troupes belges. Sur
les longües routes aux peupliers infléchis par les
vents fuyaient les paysans chargés de hardes ou

traînant des charrettes, courbés sous la mauvaise hâte.

La veille pourtant, un souffle d'espoir s'était levé. Les officiers d'état-major avaient poussé des reconnaissances jusqu'aux avant-postes, déployant des cartes au soleil reparu d'automne, lançant à grands gestes des colonnes offensives à travers le pays, projetant d'amples mouvements stratégiques. Précédées d'orienteurs au galop sur le pavé sonore, des batteries attelées de hauts percherons noueux avaient défilé vivement sur la place de l'Eglise où les goumiers marocains faisant boire leurs petits chevaux à selles rouges mettaient une gaieté de bazar.

Court répit ! Depuis le matin, les apparences avaient perdu leur cordialité passagère, et le désarroi s'aggravait d'heure en heure. Les estafettes avaient repassé, filant à grande allure vers l'arrière ; la fusillade propagée comme un incendie gagnait les villages voisins d'où nos troupes se repliaient ; des voitures d'ambulance rentraient, lourdes d'hommes meurtris. A l'horizon, les drachen avaient surgi nombreux, annonçant la survenue de l'artillerie lourde qui, bientôt après, délogeait de ses obus aux profondes détonations graves les batteries de campagne : l'on vit celles-ci couper à travers champ, tirées à grandes secousses par leurs attelages nerveux.

Maintenant, toutes les rues étaient engorgées et les femmes paraissaient aux portes avec des paquets à la main, regardant les shrapnells concentrer autour du clocher leurs flocons blancs. Au milieu do la place, un tas de paille diminuait, attaqué par les corvées fourmillantes. Les hommes se jetaient sur les jonchées, à plat ventre. Une lourde anxiété s'épandait avec le crépuscule humide.

Au fort de la nuit, un mouvement nombreux prit naissance parmi l'ombre des rues et le silence inquiétant des voix. On arracha de la paille les hommes stupides de sommeil, et, après l'appel chuchoté, de longues colonnes se formèrent ; les voitures démarraient, les moteurs ronflaient au ralenti. Tout ce qui pouvait marcher ou rouler se mit en route.

La canonnade, qui ne visait plus la ville, persistait alentour; on apercevait, aux échappées des rues, des fermes incendiées brûlant haut. Vers le pont de Dixmude, unique voie de retraite, un écoulement continu émanait du réservoir de la Grand'Place où la pâte humaine, malaxée par les piétinements, s'allongeait, s'étirait peu à peu en veines distinctes qui s'engageaient dans l'avenue. Les motocyclistes s'insinuaient entre les escadrons et les autos processionnaires. Dans les compagnies laminées par les files de voitures, les fantassins s'égrenaient. Les goumiers, pied à terre, accrochés de la main à la queue des chevaux, formaient la chaîne pour ne pas se laisser couper. Les fourgons et les prolonges alternaient, et parfois, semblables à des blocs d'ombre en rehaut sur la nuit, énormes et le mufle bas, des auto-mitrailleuses ébranlaient la chaussée.

Et dans ce cortège d'exode, que le pont finissait par calibrer, régnait un ordre bizarre, comme involontaire et non discipliné. Il semblait

que toutes les âmes peuplant la noirceur opaque
fussent repliées sur elles-mêmes, obstinément
solitaires parmi l'orientement unanime. Farou-
ches, maussades, elles subissaient lourdement
l'injonction de l'inévitable.

Le lendemain, ces troupes qui avaient cheminé
toute la nuit avec la torpeur exténuée des
caravanes, se redressèrent à la lumière du matin,
se déployèrent, et, sous une luxueuse convergence
d'obus de calibres divers, revinrent occuper les
tranchées de la digue. Les présages avaient, une
fois encore, viré. La bataille de l'Yser commençait.

Octobre 1914.

FAUSSE ÉTAPE

J'OUVRE les yeux, et sur le drap très blanc, bien
lisse, pose un regard tactile comme la patte
d'un chat. Qu'il fait frais et propre dans ce lit
onctueux ! Et ce mouvement très ample, de droite
à gauche, et qui s'inverse, est d'une indéniable
volupté. Toute la chambre se balance.

Elle semble vide, mais sans doute une personne
veille à mon chevet que, couché sur le dos, je ne
puis apercevoir. Je désire qu'elle ignore mon
réveil pour qu'elle ne s'empresse pas, n'abrège
pas le silence harmonieux à ma paresse. Paresse
légitime puisque j'ai donné mon sang : ma
blessure... au fait, où donc suis-je atteint ? Aucune
souffrance ne me renseigne : elle a dû rester

assoupie. Jouissons, en attendant son retour, des choses moelleuses et nettes où il est suave de s'engourdir.

Je ne me souviens décidément plus. N'est-ce pas une fracture ? Il faudra rester longtemps immobile, la jambe prise dans des bandelettes plâtrées, sur un lit semblable à celui-ci. Oh, j'y demeurerais des mois pleins !... Puis, lente, la convalescence viendra. Pendant que renaîtront mes forces, j'apprendrai le triomphe de nos armes; un reflet de gloire frôlera mon couvre-pied. Des jardins verront ma première sortie, une béquille au bras, sous le printemps enfin paru.

Un pas léger s'approche. Une dame de blanc vêtue, chaperonnée de même, la croix de Genève apposée comme un signe rouge à son front, sourit en m'interrogeant des cils. Sous le bandeau de percale passent des mèches blondes qui ne sont point d'une nonne ; un collier de perles enlace son cou, simple et somptueuse élégance. Je souhaite qu'elle ajoute à tant de grâces le silence : elle se tait. Mobile, féminine, parfumée plus dis-

crètement encore qu'elle n'est parée, d'un hésitant
jasmin, elle se penche, indique de ses lisses
paupières qu'il faut refermer les miennes, s'en
va, non sans coquetterie en somme, certaine que
sa présence me troublerait.

Elle ne me trouble pas. Je la trouve naturelle,
obligatoire : la place de la femme est au chevet
des blessés. Me rendormirai-je ?

L'infirmière apparaît derechef à la porte. Elle
cause, en me désignant à un homme qui s'arrête
au seuil ; dans la glace, je les vois sourire, pleins
d'allusions, approbateurs. Je devine qu'ils parlent
de ma croix. On attend pour me la remettre que
j'aie repris tout à fait mes sens. Le major... mais
c'est un médecin de marine, et, j'y songe, ce
plafond bas, ce lit suspendu par des tringles,
oscillant ainsi qu'un hamac... Un navire hôpital
m'emmène.

Les deux complices se retirent, un doigt sur les
lèvres. Je vais pouvoir ouvrir tout grand les
yeux. Oh ! pourquoi le major a-t-il soudain éclaté
de rire et lancé la porte en coup de vent ?

3

.   .   .   .

« Lieutenant, on fait passer à la voix de la gauche que les Allemands ont franchi l'Yser. »

Me voici plongé dans un réveil humide et noir. Il faut à mouvements reptiliens sortir de ma couche de paille moisie où tout mon côté droit s'étant moulé, reste gourd. Une pluie venteuse s'engouffre quand je soulève la toile qui fait office de porte, et me jette une claque d'étoffe et d'air mouillés. Pataugeant, glissant dans la glaise. je traverse la digue et j'atteins la tranchée.

Nuit de bitume. J'interroge ici, puis plus loin, vers l'origine de l'alerte : une sentinelle a lâché un coup de fusil sur un homme qu'elle avait cru voir traverser la rivière à la nage. De bouche en bouche, la phrase dite à son voisin s'est enflée. C'est la fausse alerte, inévitable lorsque les hommes sont fatigués et que les veilleurs, trop privés de sommeil, forçant leurs yeux à fixer les ténèbres, y voient des formes d'ennemis.

Je fais quelques pas sur la digue pour secouer

la torpeur maligne que j'ai emportée de mon
somme interrompu. Avant d'aller m'étendre pour
une nouvelle tentative de repos, je passe mon rêve
au crible de la veille.

Mon récit équivoque ne t'avait pas mis en défaut,
Baltis, je le sais. Lorsqu'on relate un songe, il est
bon d'imiter par artifice l'illusion de réalité propre
au sommeil. Mais la médiocrité même de celui-ci
le dénonçait : nous n'avons guère coutume
d'avouer que le vrai puisse descendre aussi bas.

Donner trop facilement pour une cause, sa vie,
implique déjà plus de lassitude que de foi : c'est
toujours déserter que mourir. Or, le candidat à la
balle qui fèle si proprement un fémur est mille
fois plus infidèle que l'apôtre trop accueillant pour
la délivrance. Car la mort, en dépit de toutes les
croyances et de tous les reniements, inspire une
horreur qu'il faut vaincre avant d'en faire un
appétit, tandis que la blessure signifie l'immédiate
suppression de l'effort, bientôt du danger (puisqu'il est admis qu'elle met *hors de combat]* ;
d'ailleurs, souhaitée, elle est sérieuse, mais non

mutilante ni bien douloureuse, et son imagination est infestée de langueur.

Pour celui qui dans la guerre est à son utilité, à sa chose, une seule volonté est licite : celle de durer pour nuire; un seul vœu vraiment viril : passer intact parmi les trajectoires et les points d'éclatement, afin de rester jusqu'au bout pour son ennemi un danger, par son action, par son âpreté, par sa chance.

Et puisque c'est à toi que je parle, Baltis, n'essaye pas de me dire qu'il n'y a plus de guerriers.

Novembre 1914.

COMPTABILITÉ

Décembre 1914.

QUEL que soit le but final d'une guerre, son moyen est toujours le même, gagner du terrain, dit la stratégie de tous les temps. L'homme se bat pour posséder, et la possession primordiale est celle de la place où vivre, acres de champs, forêts, rivages, sol en un mot. Le sol acquis, peut ensuite être échangé contre ce que l'on désire, argent, marchandises, privilèges, garanties. Car il est la monnaie par excellence, celle qui ne saurait perdre son bon aloi.

Notre tâche se définit donc aisément ; mais

comment l'accomplir ? Depuis deux mois nous jouxtons l'ennemi dont ne nous sépare qu'une étroite bande indivise : le Front, décidément immuable. Le compte-courant des terres est arrêté d'un inexorable trait. Point d'équivoque : lorsqu'on parle de terrain gagné, il ne s'agit que d'éléments de tranchées où l'on s'installe de façon précaire, sous un feu meurtrier qui empêche de les munir de défenses. Quand on y a perdu assez de monde, on l'évacue. Ce n'est qu'un flottement local dans la zone neutre, et non l'incursion souhaitée dans ce qui est tenu par *eux*. Notre entreprise de terrains étant sans affaires, il nous faut chercher autre chose.

C'est ainsi que nous sommes devenus comptables de vies humaines : de même que le sol, cette denrée peut servir d'étalon; sa valeur militaire est stable.

Or, il est indéniable que la nouvelle arithmétique de guerre nous condamne à l'attente. Terrés, nous sommes invulnérables ; l'artillerie tonne sans parvenir à troubler notre repas de pommes de terre et de sardines. S'acharne-t-elle ?

un parapet s'éboule, un fusil est faussé, un éclat
blesse un homme à la tête. Un « coup heureux » —
exceptionnel par conséquent — fait deux ou trois
victimes. En dehors des tranchées, les atteintes
sont plus nombreuses : on les réduit. Nous avons
appris l'importance d'établir une cuisine sous un
toit à l'épreuve des shrapnells; un cheminement
judicieusement tracé économise quelques blessés
par jour et par compagnie. En consentant par
contre de légères pertes, une fois pour toutes, on
peut envoyer quérir dans les fermes abandonnées
alentour, les matériaux nécessaires pour construire des abris confortables, pourvus de paille
et bien protégés, mettre des briques au fond des
boyaux, répandre du bois mort sur les glacis de
glaise. Pour tout le reste du séjour aux tranchées
l'on épargnera chaque semaine une douzaine
d'hommes qui eussent été évacués malades.

Si l'ennemi sort de ses parallèles et attaque,
c'est la distraction attendue : posément, à l'affût,
on le fauche, et il s'enfuit, tandis que les salves
d'artillerie sonnent la déroute sur ses reins. Le
Temps, notre grand allié, le forcera, dit-on, à

quitter ses tanières, et nous patientons, avec la conscience que c'est là ce qui doit être fait. Toute offensive ordonnée grève, sans que nous y puissions autre chose que le prévoir, la colonne des pertes.

Avril 1915.

De l'une à l'autre tranchée l'on se fait maintenant du mal. Des engins ont été donnés au fantassin pour harceler le fantassin d'en face dont il connaît les va-et-vient et coutumes comme d'un locataire piétinant le plafond que l'on entend se coucher, tisonner, aller vers sa nourriture. Les bombes sont lancées au bon moment et au bon endroit ; elles tombent presque verticalement derrière les parapets, entre les abris, et leur explosion crève les tympans, fait un trou à baigner un hippopotame, sectionne les corps vivants, déterre les cadavres, projette à cent mètres des gerbes de boue. Chaque lancement de bombes déchaîne un tir de représailles, auquel répond une concentration de torpilles sur un point

de nos lignes dans le choix duquel on sent
les effets d'une rancune longuement nourrie ; et
notre riposte s'efforce de dépasser en malfaisance
celle de l'ennemi, — ou plutôt du gêneur, du
monsieur qui habite vraiment trop près. Le
voisinage devient intenable.

Et le bon comptable dit : « Cela dure trop
longtemps. J'additionne tant de petits chiffres
quotidiens que les totaux deviennent lourds. Nous
ne voulons plus de nos trous. Qu'on nous donne
l'offensive, le mouvement, la manœuvre. Les
moyens existent : notre artillerie bouleverse une
ligne et annihile ses occupants avec une si prompte
précision que l'on marche sans presque recevoir
de balles, l'engin qui tue. Même, si l'attaque est
nourrie, si l'artillerie suit bien sa progression, un
nouveau but peut être atteint. Qu'une vague
déferle après l'autre, brisant tout jusqu'au dernier
môle, et que la cavalerie se lance dans la brèche
et galope. Il ne peut y avoir de répit qu'elle n'ait
fait boire à ses chevaux l'eau du Rhin. »

Juin 1915.

L'expérience est faite. Les conclusions du fantassin, pour correctes qu'elles fussent, étaient optimistes ou prématurées. C'est une leçon qu'il a le temps d'approfondir, tout en recreusant son trou qu'il ne quittera pas de si tôt.

DE LA HAINE

JADIS, dans un musée d'Italie, le matin. Ciel
léger aux vitres du plafond, rayons d'or délicats
aux carreaux des fenêtres. La claire journée
d'Avril réjouit de sa jeunesse la patine des cadres.
Personne dans la longue salle, mais toute une
assemblée de portraits couvre les murs, sans un
manque. Plus nobles encore que les dames aux
lourdes parures, s'alignent les seigneurs ; les
paupières bien fendues enchassent leurs yeux
brillants ou lucides ; le poil en ornements fine-
ment écrits borde le front et les lèvres ; les vêtements étroits font aux corps nerveux des
fourreaux sombres soulignés par la blanche lisière
d'une dentelle, aux poignets, au cou.

Ces fils de la race latine reçoivent l'hommage du soleil matinal. Entré après une promenade aux jardins où les fleurs commencent de livrer leurs parfums, je contemple ces pères de la race française : par le goût, l'esprit, le choix de ce qui vaut d'être vécu plus encore que par le sang. Je fais pèlerinage à la galerie de mes ancêtres de dilection.

Midi. Prenant congé des altières figures, je reviens à la salle d'entrée ; un marbre de svelte élégance brille devant un retrait d'ombre qui le prend à moitié d'empreinte à la façon d'un écrin. La porte du vestibule s'ouvre, et, donnant des deux épaules contre les chambranles, un personnage s'avance sur le parquet luisant. Une housse de flanelle rayée couvre, à défaut de le pouvoir vêtir, son corps aux flasques protubérances. Grasse et rose, émerge d'un carcan évasé de toile, une tête où le carré s'unit monstrueusement au cercle. Satisfait de soi, prêt à considérer les seigneurs florentins comme des insectes piqués au mur, le Teuton sourit avec concupiscence et se hâte vers la frêle et paresseuse Aurore dont la taille, au pli de l'étirement, ne se gonfle d'aucun ourlet. L'informe bloc de chair, providentiellement voilé en majeure partie, stationne et se dandine sans gêne devant la très gracieuse nudité.

Tout de suite, instinctive, m'étreint l'envie de frapper, de détruire, oh surtout de faire disparaître ! J'ai flairé l'adversaire, je suis un ennemi, plein de goût de la haine.

*

Naguère, au début d'une nuit; ciel brouillé de grand vent. Quand on lève la tête vers le zénith où nage une clarté, l'on voit un croissant de lune foncer à contre-sens des nuées laiteuses. L'air est glacé ; Avril passe sans joie sur la plaine encore irréveillée des Flandres.

Deux lignes obscures se coupent au redan où ma compagnie est de garde : nos tranchées. En face, une ligne grise : c'est un mur que les Allemands établissent pour s'assurer la possession d'un marais, à notre droite ; au-delà du point où il s'interrompt, rien ne se distingue plus, mais je sais qu'il y a des hommes au travail, car chaque matin l'on constate un allongement du parapet. Nous interviendrons cette nuit. L'artillerie a reçu des instructions, son tir est réglé. Un poste d'écoute, poussé près de la ligne ennemie, avertira de la reprise de l'ouvrage.

Minuit. Un homme de liaison vient rendre compte que les sentinelles entendent frapper au maillet. Ce sont des piquets que l'on enfonce pour étayer le nouveau mur sur le sol meuble. Cent pionniers au moins sont là, et comme ils n'ont pas été inquiétés la veille, ils doivent se donner des aises.

Un rassemblement ennemi, à découvert, sur emplacement repéré : l'arrosage d'artillerie s'impose, — s'impose comme la solution d'un très simple problème où le bon sens seul intervient. Je prends le téléphone : « Prévenir que les Allemands travaillent à la nouvelle tranchée ; faire déclancher le tir comme convenu. » On prépare une fusée pour éclairer le but ; la mitrailleuse du

saillant enverra quelques balles au bout du mur
achevé, seul refuge de la plaine ; même je me
propose de lancer une torpille un peu au-delà, en
un point qui sera probablement encombré. Parmi
les éclatements d'obus, l'ennemi n'entendra pas
le coup de départ de la bombarde, et ne pourra se
garer. Tout est machiné comme il faut. C'est,
logiquement, la mise en œuvre des moyens dont
nous disposons, en vue de la plus grande nui-
sance. Je me rends à mon observatoire. Et, en
attendant la salve, braquant ma jumelle vers le
point où est cet ennemi que je ne vois pas, je viens
soudain de l'imaginer.

Il se réalise visuellement, humainement : Des
soldats aux uniformes beige-vert, passe-monta-
gnes de même, vestes courtes, bien équipés,
épais, très consciencieux en besogne, sont
répartis par groupes. Les uns, assis, tiennent
ouverte l'embouchure des sacs que d'autres, avec
de courtes pelles, emplissent de sable. D'autres,
pipe aux dents, font les amarrages. D'autres
emportent des sacs pleins qui sont déchargés en

place d'un coup d'épaule. Tel est le véritable
« objectif ».

Mais voici qu'il redevient une cible à shrapnells.
De longs sifflements passent, rayant le silence,
chacun suivi d'une brusque lueur brune et d'une
déflagration violente, brisante. Un sifflement
plus traîné : la fusée va suspendre au-dessus de
la scène son parachute incandescent. Un bruit
mou d'objet qui tombe à terre, puis, deux
secondes après, une ample et profonde explosion :
la torpille. Un nuage blanc s'élève, sur lequel se
détachent les petites fusées noires des obus, bien
réparties sur la longueur du chantier. Le tir était
précis, l'arrosage correct ; la rafale a dû mettre
du monde à terre. « Téléphonez que la salve était
bonne et qu'on soit prêt à recommencer dans une
heure. »

J'ai fait mon service : une observation, trans-
formée en renseignement sur l'ennemi, a produit
par raisonnement élémentaire un plan d'action,
des ordres, comme le chiffre attire le chiffre, et
conduit au résultat arithmétique. Je me donne

l'image d'un fonctionnaire stylé, d'un guerrier bien de son siècle. Une besogne mal faite est déplaisante ; on tâche de n'en point commettre. Sans doute serait-il plus savoureux d'assouvir un instinct et de s'assurer la récompense immédiate d'un plaisir satisfait. Faut-il donc, pour que le point à viser soit derechef une convergence de rancunes, délaissant ces ennemis qui sont là par milliers, m'en prendre au lointain souvenir qui a gardé sa vigueur ? Car lorsque l'Allemand s'accusait sous le regard des peintures toscanes, c'était bien ma race qui se levait contre la sienne.

En vain ai-je évoqué cette nuit un sentiment d'une telle violence : malgré l'irritation qu'entretiennent les coups de feu espacés qui sifflent aux oreilles, nulle férocité ne m'advient.

Si le Dieu des batailles, qui aime les champs fumés de chair, vient rôder par ici, je lui ferai cette prière : « Qu'il vous plaise envoyer aux soldats de France la Haine, l'antique Haine des armées, celle qui animait les tribus d'Israël en

marche dans le Désert, quand la Voix tonnait,
disant : « Tu extermineras les peuples que
« l'Eternel te livre, et tu ne jetteras pas sur eux
« de regard pitoyable. »

Mais voici qu'un plus proche exemple s'impose
de cette haine massacrante : n'était-ce pas elle qui
se tenait au milieu des armées d'Allemagne,
comme une arche sanctifiant l'invasion de
Septembre ? Et puisqu'elle n'a pu vaincre, c'est
donc qu'elle s'est heurtée à un sentiment *autre*,
et non moins fort. Reconnaissons l'avènement
de cette nouvelle puissance, et laissons-la grandir
jusqu'à ce qu'elle trouve son expression. Nous
saurons alors l'admirer.

Mars 1915.

DANS UN MÊME CAMP

L A guerre réalise un milieu moral d'une simplicité parfaite : le Bien et le Mal, qui jadis s'entrepénétraient, s'accouplaient pour d'équivoques métissages, ont d'un coup formé leur front, non moins strict que celui des armées. Le Bien se nomme effort pour vaincre, et tout acte se mesure à son utilité. Nos camarades qui viennent à la guerre dans leur nouveauté de vingt ans n'ont pas connu le long stage que nous dûmes traverser, instables boussoles souffrant parfois d'être désorientées, parfois enivrées de leur sensibilité mobile. Nul magnétisme d'état ne fixant alors de pôle décisif, chacun devait effeuiller à son tour les pétales de la rose des vents.

Dans cette enquête où nous nous suivions, c'était entre Baltis et moi un point d'accord que l'enchaînement d'idées le mieux ourdi ne valait pas une expérience de l'esprit sur des données vivantes. Plutôt que d'extraire de nos livres des arguments, nous aimions à nous proposer des hommes ; quand nous en trouvions d'exemplaires, nous nous informions de leurs méthodes pour en déduire des disciplines, qui, basées sur de très attentives préférences, prenaient lentement du poids. Il fallait pour cette battue un mot de ralliement, et déjà, lorsque deux attitudes nous faisaient hésiter, nous nous demandions : « Quelle est la plus française ? »

Dans l'histoire habite une humanité choisie où les grands exemples abondent. Mais ils sont d'interprétation douteuse, à cause des étapes mémoriales qu'ils ont traversées pour nous atteindre. Aussi, la trouvaille de vivants typiques est-elle d'un tout autre prix.

Or, voici que le hasard juxtapose, sur la berge de l'Yser, et livre à notre inquisition, deux parfaits modèles humains.

Quand il s'avance sous la voûte sifflante des trajectoires, vêtu de la capote bleue, l'abbé David fait grande figure de guerrier. A voir ses traits incisés et sa démarche allante, à entendre le timbre viril de son verbe, à toucher le métal de son regard, on le sent créé pour diriger les hommes. Il porte, empreinte sur soi l'évidence du courage, non celui du soldat qui tient devant le danger, mais celui du chef qui le dévisage et le nie. Il a l'élan et le feu, avec des reprises où se révèle, sous l'exaltation qui s'emporte, la main froide du maître intérieur. Et il possède l'assurance, qui répand l'idée d'un invulnérable destin.

Son rôle pourtant n'est point de marcher en tête des charges, mais de relever les blessés et les courages, d'assister ceux qui souffrent et défaillent, et surtout de faire sur les corps mourants la glorieuse moisson des âmes.

Penché sur ceux qui s'alanguissent, il adoucit leurs dernières minutes et ennoblit leurs dernières pensées, car sa pitié sait toujours rester haute : il élève à lui ce qu'il glane. Témoin parfois de ces instants tout encensés de son ardeur religieuse, vibrants de l'enthousiasme qu'inspirait la bataille dans son âme retentissante, j'enviai la hardiesse d'une éloquence qui ose prendre pour auditoire un homme gagné déjà par les avances de la mort.

Si l'abbé David doit aux blessés ses plus ferventes communions, il est parmi les valides un apôtre, parmi les soldats un prédicateur de croisade. Il sait grandir les cœurs, affiner le sens du devoir, réveiller les sources du dévoûment. L'amour de la toute-puissance ordonnatrice des hiérarchies, dispensatrice des grandeurs et des châtiments le conduit.

Devant les ennemis de la foi, lui qui tient d'elle sa fière armure, ne peut passer indifférent. Son devoir de prêtre est de les confondre, et son instinct d'homme de les frapper. Avec quelle violence mûrie sous la mansuétude rituelle le sent-on frémir à ces contacts ! Un Justicier se révèle en lui. Ici les élus, là les réprouvés, le glaive spirituel les sépare ; et s'il en est qui tentent de se tenir au milieu, des indécis, des choisissants, il les fustige du plat de sa lame.

A son geste brillant d'une enviable férocité, qu'ils paraissent vils, ces tièdes ! Je méprise leur équilibre hésitant, j'ai honte pour eux de leur patiente exactitude, auprès de l'assurance vraiment divine qui, sans s'attarder aux mérites et aux fautes — ces apparences —, à l'incertain des intentions ou raisons, fonce droit vers la décision qu'elle légitime de sa fougue !

L'abbé David est dans toute la force du terme un dogmatique, dont les vertus découlent d'une source unique, mais torrentielle. Vingt siècles de foi française agissent, prouvent, dominent à travers lui. Tout un passé d'ardeur mystique et de science enseignante l'élève au-dessus des erreurs et des vacillements.

Où trouver, mieux qu'en lui, l'expression parachevée de sa race ?

*

Le colonel Hougard, qui nous rejoignit aux Flandres, sut vite gagner notre estime, mais nous ne pensions pas d'abord lui devoir davantage. Ses qualités ont dû se révéler une à une pour nous convaincre de l'excellence que leur ensemble compose. Et même, il me semble que nous ne les eussions pas jugées à leur mesure si pour chacune nous n'avions pu nous référer à celle qui, chez notre aumônier, lui correspond.

Auprès des brancards, les lendemains de batailles, le colonel succède parfois au prêtre. Sa parole n'a pas moins d'efficace : elle choisit d'instinct la corde restée vibrante, qu'elle soit celle de l'honneur, de l'affection, de la gloire ou de la foi, et la touche avec une délicate insistance. Le visage souffrant s'épanouit sous une poussée de sang clair, comme si le cœur du blessé réagissait sous l'étreinte de la sympathie virile. Avec ceux qu'il sent assez forts, le colonel n'a besoin d'invoquer rien qui les détache de la guerre. Mais à ceux qui tremblent, anxieux de charger leurs bras de promesses avant de franchir la mort, je l'ai entendu garantir une place au ciel du ton dont il eût engagé sa parole de soldat. Et sa présence affirme le fait de la guerre avec une force telle, que, dans l'atmosphère insolite, il ne semblait point étrange que le grade conférât le pouvoir spirituel de délier.

A cette bonté toute immédiate répond une autorité que l'on subit bien avant de la pouvoir définir : car, négligeant de faire appel à une puissance invisible, elle va spontanément de celui qui l'exerce vers ceux qui en sentent l'effet. Conséquence dynamique d'une relation humaine, elle s'impose sans que rien soit interposé.

Le geste est l'expression visible de la volonté. Chez le colonel, il n'a pas la détente qui fait fulgurer celui du prêtre, mais son graphique n'est ni hésitant ni tremblé : c'est une courbe qui développe son intention initiale, ne devient trait que lorsque l'effort est requis. L'on devine que la tension saura croître à proportion de la résistance qu'elle doit vaincre.

Mais si le colonel Hougard n'est jamais en défaut de décision devant les actes, nous craignîmes longtemps que son indulgence envers les hommes fût excessive, tant il semblait plus prompt à les comprendre qu'à s'en méfier. Il fallut pourtant reconnaître qu'il ne se laissait point

tromper, et savait être impitoyable. Le jugement,
garanti par l'examen et l'attente, ne cédait pas
en netteté au plus impérieux verdict.

*

Là encore, le second exemple s'égalait au
premier, sans cesser d'en être profondément
distinct. Au risque de laisser les deux enseignements s'entre-détruire, il devint indispensable de
trouver une formule conciliante. La logique veut
attribuer à des causes semblables des effets équi-
valents. Mais on ne pouvait douter que le colonel
n'eût aucune foi religieuse : il parle des choses
divines avec une aisance, une absence de rancune,
plus graves que tous les blasphèmes ; on sent
qu'il ne leur reconnaît aucun mystère et les
aborde, pour ainsi dire, de plain-pied. Je tentai
d'imaginer une foi d'autre sorte qui pût être aussi
agissante. C'était m'engager sur une piste vaine.
Toute foi superpose aux réalités une signification
qui les masque, montre au lieu de la souffrance,
la rédemption, au lieu de la faute, l'offense, au
lieu de la mort, l'autre vie.

Or, rien n'est plus strictement appliqué à son objet que les intentions du colonel à ses actes. Il est intrépide, parce que le sacrifice de sa vie est impliqué dans le lien militaire ; et il a accepté ce lien parce qu'il le trouve beau, comme on aime un parfum, et comme il aime son pays — de naissance. Il sait l'homme perfectible par l'effort; c'est pourquoi il s'est adonné depuis l'âge d'homme à devenir un chef, que la guerre a trouvé en pleine maîtrise de soi.

Entièrement dégagé de la pénombre où se plaisait sa modération, ce caractère révélait donc lui aussi une profonde *unité*. Il lui manquait encore d'être affilié à une tradition qui le couvrît de son prestige. Je lui souhaitai des aïeux : il en eut. Avant les apôtres et les docteurs, je me souvins qu'il était des soldats de Gaule pour qui s'exposer était une volupté, des citoyens de Rome qui tenaient pour sali de honte celui qui ne se possédait pas dans le danger et dans la vie.

Ainsi, plus la comparaison se faisait insistante, plus elle menait à distinguer dans le principe les deux modèles qui s'égalaient par la valeur. L'un d'eux se donnait-il faussement pour nôtre, et devions-nous le rejeter de cette rive de l'Yser afin de purifier nos lignes ?

Quand je soumis à Baltis ce dilemme, il répondit :

« Pourquoi refuses-tu d'admirer simplement l'édifice harmonieux de leurs contraires ? Sache donc accueillir cette leçon de diversité. Et si tu veux, chez ces deux hommes que j'aime également, trouver une qualité où cesse leur contradiction — et ce sera d'ailleurs la plus française — je te propose de la définir ainsi : c'est, pour chacun d'eux, sa coexistence avec l'autre, dans un même camp. »

Décembre 1914.

ASSERVISSEMENT

IL existe, dans le vocabulaire des armées, un terme qui évoque une forme de sécurité enviable : celui d'encadrement. Etre encadré, c'est être solidaire étroitement d'un ensemble, avec une place bien définie. Et l'on imagine la façon dont se carre entre ses voisines une pierre de mosaïque, la liaison de ses angles aux creux qui leur correspondent, son aise de faire partie d'un tout cohérent et composé. Telle peut être chez un soldat allemand l'absence de flottement et de soucis. La grande machine impériale est si parfaitement au point qu'elle ne requiert de ceux qui tiennent un rang subalterne qu'une tâche limitée. Elle réalise ainsi son objet : tendre à la domination mondiale par l'esclavage individuel. Les emplois ne chevauchent pas les uns sur les autres ; hors de la besogne quotidienne, il n'est que fantaisie nuisible et que l'on réprime.

Si nous ne goûtons pas le repos d'une délimitation semblable, si toute action se double de la fatigue d'en imaginer d'autres et de choisir entre elles, si notre bonne volonté nous condamne à de lentes recherches, si l'anxiété nous fait ouvrir les yeux vers des zones qui ne nous sont pas dévolues, faut-il nous plaindre ? Un plus grand effort nous est proposé, un appel à la conscience éclairée nous stimule : liberté oblige. Et nous sentons grandir en nous, plus forte que toute discipline, une participation intense à la vie de notre pays qui bat sous la menace avec une vigueur nouvelle.

Juillet 1915.

PAR UN CRÉNEAU

NOUS n'avons guère coutume de regarder la figure humaine à travers une grille : ou bien, embusquée derrière un guichet, propriété d'un assis en garde contre la hâte publique, pour tant qu'elle soit rogue, elle prête à sourire ; ou bien, défendue par la barrière claustrale, féminine et douce comme de blanche laine, on la sent séparée du monde par une distance qu'aucun obstacle n'accroît ; ou bien, prisonnière d'un cachot, elle cause un pitoyable mépris, n'évoque point l'idée de cette force libérable qui subsiste dans le fauve encagé.

N'as-tu jamais soulevé la trappe par où l'on

jette sa viande à un tigre de foire ! L'impression n'est pas la même qu'à stationner devant les barreaux : quoique le trou soit petit, l'imagination te mène à l'intérieur du box, te fait voisiner avec la bête, sans interposition protectrice : une satisfaction un peu haletante te récompense.

Si tu es curieux d'un tel plaisir, je te guiderai, au-delà du saillant du Boterdyck, jusqu'au poste d'écoute enlevé le mois dernier à l'ennemi. Il est encore relié à ses lignes par un boyau sinueux, long de cinquante pas. Un barrage obstrue l'entrée, mais rien n'empêche, en retirant par le bas quelques sacs (il faut avoir soin de bien épontiller les autres), de se glisser sans être vu jusqu'à ce premier coude où l'on aperçoit une paire de bottes que prolonge un pantalon beige, en travers du passage.

Les bottes, le pantalon, ainsi que les jambes qui les emplissent, appartiennent à un Allemand dont le corps est enfoui dans le talus. On en trouverait d'autres, en grattant un peu, car plusieurs sont venus se faire tuer par là, que les bombes enterrent ou exposent, selon leur fantaisie. Après avoir frôlé ces jambes débordantes, on peut atteindre le tournant prochain, qui est défilé aussi. De là, il te sera loisible de pousser encore plus loin sans grave imprudence (l'éventualité de te heurter à un touriste d'Outre-Rhin en promenade symétrique de la tienne n'est pas à prendre en considération), pourvu que tu rampes, collé à terre, et silencieux comme une larve. Alors, en levant avec précaution les yeux du dernier tournant vers le mur adverse, tu découvriras ce mur, et, à l'amorce du boyau, un trou carré serti de planches.

Tu n'omettras aucun détail, étant éloigné tout juste comme on l'est d'un dîneur qui vous fait vis-à-vis au petit bout d'une table. Tu verras une figure placide encadrée par le créneau, presque immobile sous la torpeur méridienne, coiffée du calot de corvée couleur de bure à liséré garance ; quelques flocons de poils jaunes ne parviennent pas à durcir le masque où les joues sont suspendues comme des viandes aux crocs d'une boucherie, couperosées et flasques. Elle ne bouge pas plus qu'un lézard, qu'une feuille dans le calme ; elle fait partie du paysage, singulièrement appropriée au cadre militaire et campagnard, ainsi qu'en Chine, le lion vermoulu qui garde un escalier de temple montant ses mousses dans la verdure où il se perd.

Mais fais avancer ton regard intelligent plus loin qu'il n'est prudent de traîner ton corps perforable. Pénètre par compréhension, par appel, par sympathie, dans cette trappe ouverte sur leur cage; entre par la fenêtre ainsi qu'un grain de poussière dans un rais de soleil. Ils vivent là en commun, silencieux à cause de la proximité de l'ennemi, — nous. Leurs fusils sont appuyés à leurs genoux, les sabres-scies fixés aux canons; certains dorment, d'autres tettent des pipes, confiants en la vigilance du veilleur. Des grenades en forme d'épis sont suspendues à leur portée.

Complais-toi à les bien voir, installés, chez eux, intimes, et puis remets au point sur cette seule tête visible où ton regard immédiat vient buter, ton regard qui maintenant frissonne et voudrait se dérober. Fixe cette face humaine, ces orbites où la descente des paupières est paresseuse, mais

dont il serait mortel de voir les pupilles se pré-
ciser soudain, pointées vers toi ; ces traits où tu
ne lirais pas la stupeur sans grand risque de ne
jamais refaire à reculons ton voyage de tardi-
grade. Regarde bien la bête malfaisante, sans
force majestueuse ni ruse, l'ennemi chétif, dan-
gereux pourtant malgré sa cage ; — et tacitement
prononce :

« Mon semblable, mon frère ! »

Celui qui parlait ainsi se tut ; puis se tournant
de mon côté, ajouta :

« Cela se nomme : une *reconnaissance.* »

Avril 1915.

TROIS PHASES

I. *Anticipation.*

QUAND elle était encore l'inconnue, la Guerre pouvait être espérée comme un acte intense, un splendide éploi, un grand jeu. Depuis trente ans, le monde, pressé d'une hâte toujours plus anxieuse, s'épuisait en préparatifs, tellement absorbé par sa besogne qu'il en oubliait le but. Parfois, surpris de son âpreté au labeur, il s'inquiétait de sa fièvre, la nommait « folie des armements », poussait un cri d'alarme, aussitôt couvert par la clameur des machines.

Il y avait manifestement folie, c'est-à-dire

volonté échappant au contrôle de la connaissance. Tous les peuples étaient gagnés, contaminés jusqu'à la moelle, et les millions d'hommes se courbaient sur leur tâche, comme ils se mettent à genoux dans les années de grande terreur. Ils sentaient souffler sur eux l'haleine d'un Démon et s'activaient docilement de tous leurs muscles, de toute leur intelligence, de leurs efforts jointifs. Un maître si bien obéi devait être puissant en œuvres ; il employait au montage de quelque prodigieux spectacle ces ouvriers qui n'osaient même pas imaginer pourquoi ils étaient embauchés. Sans doute leur faisait-il dresser par ruse le trophée de leur inconsciente victoire sur la paresse et la veulerie qui sont les penchants de l'homme mal dominé.

Ainsi que les villes flamandes se ruinaient autrefois pour des fêtes sans lendemain, effrénées au désir de vaincre en faste les cités voisines, faisant de leurs richesses lentement amassées la parure d'une heure, nous allions nous aussi, mais dans l'ignorance, vers une fête qui devait passer toutes celles dont le souvenir est gardé dans les livres : tournois, processions, couronnements, sabbats, Pâques et bûchers. Nous nous acheminions par de durs sentiers vers une souveraine Parade.

II. *Déception.*

Mais voici que le spectacle est inauguré depuis des mois, et qu'au lieu de se consumer en une fulgurante gloire, il s'attarde, prolonge et réitère ses phases, imite l'oppression monotone de ce qui le précédait. Malgré son étendue, son emphase brutale, la danse de chiffres de ses budgets, ses excès de poudre, de chair et d'acier, il demeure dispersé, fragmentaire, sans ordonnance, inapte à révéler un style. L'action militaire échappe à la vision : elle ne compose ni sur le terrain ni dans le temps. On n'y distingue guère ce trinôme qui caractérise les actes virils : l'attente, le choc, le repos. Point de ces veilles de combat où l'on masse les troupes poitrine contre poitrine sur le plateau d'où ruissellera la charge, où les états-majors chevauchent dans les bivouacs ; ni de ces aubes exaltées et nerveuses où s'éveille une journée qui sera décisive. Point de ces heures où les ordres se multiplient, où les réserves donnent, où l'artillerie change de position à triple attelage fouaillé, où l'on perçoit le craquement de la résistance qui va se rompre ; ni de ces soirs où l'on campe sur le terrain conquis, pendant que la cavalerie achève de sabrer les fuyards. Aucune action n'est définie : personne ne peut se vanter d'avoir *vu* une bataille.

Le terrain déboisé, dénudé, labouré, a perdu ses aspects changeants qui différenciaient les combats. Les villages sont des tas de décombres dont on n'occupe plus que l'emplacement. On lutte pied à pied pour la possession d'un désert. Quand une attaque se déclanche, on aperçoit à travers les fumées et les gerbes, des groupes de points gris se mouvoir dans le paysage lunaire, de cratère en cratère, ainsi que des escouades de fourmis courant sur le gravier.

Plus que de l'ennemi, les soldats sont occupés de la terre boueuse contre laquelle ils doivent se tapir jusqu'à s'enrober d'une carapace qui ne

laisse plus distinguer les êtres des mottes. Leurs
jambes ne se désenlizent pas, leurs yeux ne quit-
tent pas le sol qui est leur refuge et le dispen-
sateur de leurs misères quotidiennes. Ils vivent
au-dessous de sa surface, et quand ils meurent,
n'ont pas même à changer de niveau.

Les gestes du combat se dégradent. A Bix-
choote, les Allemands avancèrent dans un nuage
de gaz lourd, le corps pris dans des outres
d'oxygène, la face muselée de masques en forme
de groin. On a donné aux détachements d'assaut
des casse-tête qui, dans les boyaux et contre les
hommes hébétés par les obus, travaillent plus
vite que les baïonnettes. Les sapeurs ennemis se
frôlant dans le noir, au fond des mines, se fuient
comme feraient des bêtes répugnantes ; si la
guerre durait dix siècles, leurs descendants
auraient des ongles de taupe, et des antennes
au-dessus des sourcils. On tend des pièges à loup
contre les patrouilles, on grille les éclaireurs avec
des fils à haute tension, on dispose de fausses
tranchées en machines infernales. D'ailleurs,
l'ingéniosité qui préside à ces débauches méca-

niques est rarement pittoresque. Elle n'invente pas, satisfaite de perfectionner. A un projectile nouveau répond un abri bétonné auquel riposte une torpille à double charge qu'annule un terrage plus profond.

Une égale médiocrité s'étend à tous les points de la scène. Et si l'on tente d'admirer au-dessus d'elle la joute de hautes intelligences pilotant les peuples dans la guerre, c'est en vain : là encore, l'action est morcelée; les effets, jamais inattendus, ne portent pas. L'habileté et la méthode ne parviennent pas à masquer l'absence de génie. Nulle part on ne voit la puissance d'un esprit crever le canevas besogneux de la nécessité.

III. *Reprise.*

Cette guerre est laide parce qu'elle n'est pas faite par des guerriers, c'est-à-dire des spécialistes excellant aux actions violentes. Le métier ne forme plus une maîtrise. Il n'est servi que par des manœuvres et des apprentis innombrables. Une multitude armée n'est pas une grande armée, comme l'art n'est pas une somme de bonnes volontés que la vertu d'un peuple totalise.

Mais la guerre n'a plus la simplicité d'une œuvre d'art; elle est complexe comme la réalité. Quand les batailles se livraient entre des combattants triés, elles n'étaient que conflits entre les symboles de nations en litige, à peine moins artificiels que l'épreuve par les éléments dans l'ordalie. Dans ce siècle, au contraire, comme au temps où ils n'avaient pas inventé les conventions ingénieuses, les peuples, cessant de déléguer des champions, portent eux-mêmes leurs armes. La France, qui vient de ceindre les siennes au sortir d'un long repos, a dû se jeter en un jour dans la lutte désespérée où il n'est d'autre recours qu'en la force. Quelle crise eût jamais une telle soudaineté, avec une violence aussi grave ?

Il ne faut pas trop exiger du décor où tient un devenir si lourd, et vivre ce moment du monde avec fierté.

Nous occupons un site éminent où connaître des choses humaines : un laps sans mesure nous isole des hésitations et des égarements do naguère. Tout ce qui s'agitait et prétendait s'affirmer vient s'évanouir devant nous ou recevoir confirmation. Déjà, nous avons appris que la guerre n'est pas en soi le but : elle ne se justifie nullement par sa flambée : mais elle est l'Ecole, la preuve par l'immense. Jamais expérience ne fut menée avec un tel afflux d'or et de sang dans les creusets. Et l'on oublie, à guetter les enseignements qu'elle divulgue, de regretter la Parade vainement attendue.

Mai 1915.

FRISSON

Vendredi 7 Mai 1915.

AVEC la secrète anxiété fille des longs espoirs, elle est arrivée, l'heure très attendue ! La nouvelle nous parvient que l'offensive est déclanchée depuis hier. J'entends en mon cœur le canon d'Arras et la ruée des six cent mille jeunes hommes, le boute-selle des deux cents escadrons. J'avais redouté que le choc ne fît naître ici qu'un grêle écho, le désir lassé d'une fin plus proche. Non, c'est la joie qui chante, le souverain appel d'action, la frénésie de la marche. Nous sommes loin de la bataille, mais toute l'armée est une même chair vivante, et quelle artériole ne battrait point à de tels soubresauts de l'aorte ?

Cette nuit, à deux heures, un grand silence s'est fait dans la ligne ennemie. Jusque là, ils avaient, comme ils en ont la coutume dans les nuits énervées, tiraillé de leurs créneaux sur nos parapets. Aucun bruit maintenant : l'aube de trois heures se levant paisible sur la plaine flamande de Mai n'a pas éveillé comme à l'ordinaire artilleurs et bombardiers. Un calme d'étrange aloi règne sur ce jour, le second de la Bataille, et nous ne savons rien encore du premier. Pour faire face à l'attaque irrésistible, l'ennemi a-t-il dû jusque devant nous retirer ses troupes ?

Il est manifeste qu'elles ne donnent aucun signe de présence. En vain l'escouade d'un avant-poste a-t-elle confectionné un mannequin, d'une capote bourrée de paille, et l'a-t-elle calé dans un saillant, le fusil à l'épaule. Aucune balle ne vient siffler alentour. Je scrute à la jumelle chaque créneau et l'espace visible au-delà des tranchées. Rien ne bouge dans la campagne déserte et pâle

qui s'apprête pour la longue journée solaire. A distance, sur une maison ajourée par l'artillerie, un
drapeau allemand que je n'avais pas remarqué la
veille, est juché comme une protestation dans la
fuite.

Nos canons faisant sonner les ruines de Nieuport, commencent un tir de réglage; seuls répon-
dent, tout proches, les échos de Lombaertzyde.
Nos avions sortent et se promènent, bourdonnant
aux virages. Une batterie lointaine éparpille autour
d'eux de petits nuages blancs : il y a donc encore
des ennemis là-bas, du côté d'Ostende ? Mais ces
pièces légères se déplacent rapidement; on les aura
laissées en arrière dans la retraite : encore un
signe concordant.

Et je tiens, devenue presque concrète, la vision
souvent imaginée comme une plaisanterie de
bivouac : la grande tranchée allemande, aban-
donnée, et, de place en place, un homme enchaîné
entre un paquet de cartouches éclairantes et une
pile de boîtes de conserves, ayant la consigne de
simuler l'occupation en tirant des coups de fusil
le jour et des fusées la nuit. Ce matin, ces figurants

ont dû s'endormir, épuisés de fatigue et les provisions taries.

Le désir est violent d'en avoir le cœur net : elle serait si vite traversée, cette prairie nue qui s'interpose. Mais il nous est interdit d'engager, par curiosité, aucun risque.

A midi, nous décidons de faire une nouvelle piqûre à la grosse bête, pour nous assurer qu'elle est bien morte. Je donne l'ordre de disposer l'un de ces élégants jouets récemment inaugurés sur le front afin de riposter aux torpilles allemandes qui font tant de mal et encore plus de bruit. Ce sont des bombes au corps obèse, avec un museau saillant, une longue queue, et trois ailettes qui semblent les nageoires divergentes d'un roi d'aquarium chinois; il est plaisant de voir jouer dans la cuve d'air bleu ces cyprins noirs. Un petit obusier sorti, dirait-on, d'un bazar d'enfants, les projette à hauteur de tour Eiffel, avec un claquement sec comme le coup de fouet du dresseur. Parvenue au sommet de sa trajectoire, la bestiole grisée frétille, se dandine et batifole, puis, apercevant la tranchée allemande, bas-

cule et, furieuse, se précipite en un magnifique
plongeon tête baissée qui se termine par une
déflagration puissante, au milieu d'un lourd pa-
nache de fumée blanche.

Le coup part ; nous suivons des yeux la course
gentille. Mais elle n'est pas à sa moitié qu'un
bizarre malaise nous étreint. A peine perceptible,
un claquement qui n'était pas un écho a répondu,
de derrière les maisons de Lombaertzyde, et c'est
maintenant une autre trajectoire que nous suivons : celle d'une torpille du plus fort calibre, obus
long d'un mètre qui décrit lentement sa parabole,
tête en l'air et paresseux, comme une carpe qui
fait des bulles. On a strictement le temps d'éva-
cuer les abris dans la direction du tir, de se jeter
à fond de tranchée, au hasard, en se bouchant les
oreilles, et l'horrible gueuse donne de la voix, nous
couvrant de sable et de détritus; en même temps
éclatent à bonne hauteur des fusants, compagnons
habituels des torpilles. Hargneusement la bête se
réveille de son absence imaginaire.

En rentrant à Nieuport, le soir, nous apprenons que la grande nouvelle est démentie, et l'offensive reportée à une date incertaine... Le choc était illusoire, mais qu'importe, puisque l'onde qu'il lança fut nettement chaleureuse ?

STRATÉGIE

NON, Clotaire, vous ne me ferez pas adorer ce
dieu-là », trancha le colonel Hougard qui cau-
sait avec l'un de ses chefs de bataillon. « On assure
que les Berlinois ont érigé sur une avenue un
gabarit en vraie grandeur de leur 420, et que les
jeunes filles décorent, de guirlandes de pavots, sa
gueule. Typique idole populaire, mais qui n'aura
pas mon culte. Sans doute, nos canons tirent plus
vite que ceux de Wagram, et leurs projectiles ex-
plosent mieux qu'au temps où les grognards em-
pruntaient à leur mèche du feu pour leurs pipes.
Mais vous exagérez l'importance de ces progrès
mécaniques.

— Pourtant, mon Colonel, cette guerre n'a nullement l'allure des précédentes où tout était mouvements, manœuvres soudaines, décision. Jamais on n'avait encore vu des armées s'affronter comme deux boucs sur un pont, cornes contre cornes, et ne plus broncher. Le soldat ne s'est pas transformé en quelques générations ; il faut donc que le changement vienne du matériel.

— Il est plaisant d'imaginer que l'on vogue dans l'inédit, répondit le colonel. Pénétrer au cœur de la réalité présente est plus utile. La guerre des fronts n'est pas une nouveauté : je la crois même la plus ancienne, ou pour mieux dire, il y eut toujours deux types de guerre dont il est en effet curieux de trouver en Europe, à un siècle d'intervalle, les modèles les mieux caractérisés. Si les progrès de l'armement rendaient compte de leur différence, on eût été d'une marche continue de l'un à l'autre.

L'élément variable est la densité humaine sur le champ d'action. Nous déduisions naguère des leçons de 70 et du premier Empire, une stratégie valable seulement pour un champ illimité ou des effectifs restreints. Nous devinions bien que

des armées nombreuses, en se heurtant, tendraient
à épanouir leurs ailes; mais personne n'avait
poussé jusqu'à la conclusion que les faits, maintenant, imposent : telle est la quantité des troupes
en présence que l'épanouissement s'égale à la
largeur des frontières, en atteint les extrémités,
et dès lors aucune manœuvre n'est libre.

Lisez les vieux traités d'art militaire. Vous y
trouverez ce principe : tout front solidement tenu
et qui ne peut être tourné, est intangible. Les
fronts furent complets au Moyen-âge, malgré le
faible effectif des troupes, car les capitaines se
bornaient alors à investir des châteaux ou des
places. Et vous savez combien rarement une sortie
réussissait, et plus encore un assaut de vive force
contre une garnison intacte. Bonaparte bouleversa
ces vieilles méthodes : négligeant le siège des
villes, son art fut de prévenir la formation des
fronts pour subjuguer d'un coup d'immenses ter-
ritoires. Il avait génialement vu que, pour mener
des campagnes décisives, il fallait convoiter plus
qu'il n'était possible d'étreindre.

Sur les lignes très étendues, la percée locale

réste sans doute possible : c'est une question de sacrifices, et là encore, de densité de sacrifice. Mais les troupes d'assaut, si elles ont devant elles des ennemis de valeur comparable, sont prises comme dans une pince par les lèvres de la plaie, et agonisent sur leur victoire. L'histoire est plus ancienne et plus universelle que vous ne pouvez le croire. On possède sur la Grande Muraille de Chine, bâtie trois siècles avant notre ère, des documents militaires qui en commentent le rôle. Elle n'était occupée que par un cordon de sentinelles, avec des postes de compagnies dans les tours de garde; des troupes massées campaient à bonne distance en arrière. La Muraille n'était pas infranchissable, et l'on admettait que mille cavaliers mongols, l'attaquant résolument, parvenaient à la forcer. Mais elle était dans leur course un retard suffisant pour permettre aux troupes de gagner les ouvrages de soutien, et de se porter en renfort sur la muraille, de part et d'autre de la brèche, pour la limiter puis la clore. Ce qui avait passé ne repassait jamais. »

Le commandant Clotaire, désappointé, interrompit : « Ce fut donc, selon vous, une erreur de notre état-major que de répandre la foi dans l'offensive à outrance ? Croyez-vous que si nous nous étions proposé de résister seulement, notre sol eût été sauvé de l'invasion ?

— Je n'hésite pas à vous répondre : je suis persuadé que la défensive, bien préparée, et résolument tenue, est possible. Le dogme qu'enseignait l'Armée était cependant le seul qui convînt à la France. N'oubliez pas que, depuis quarante ans, une double tâche charge nos épaules de soldats : la défense du pays et la reprise des provinces perdues. Un esprit assez pénétrant pour concevoir d'avance les conditions actuelles de la guerre, aurait lucidement repoussé une doctrine qui paraissait exclure toute idée de revanche. Le conflit, il y faut toujours penser, dépasse l'envergure d'un problème stratégique.

Nous devons nous couvrir d'une patience longue comme la haine, et ne pas faire reposer notre espoir sur un coup de dés. L'armée allemande n'est pas de celles dont les défaillances viennent parfois fausser les règles du bon combat. C'est en marchant que nous voulons la vaincre, nous la bouterons hors de la frontière, mais il faut d'abord qu'elle soit assez nettement inférieure en nombre, en canons et en confiance, pour que l'équilibre du front devienne instable.

Telle est la conclusion actuelle, mais il en est une autre que l'on peut tirer pour plus tard : de nouvelles conditions d'existence seront possibles pour un peuple sortant, sans avoir failli, de cette guerre. Quand la France aura repris ce qui est sien et vengé ses morts, si de sûres garanties ne lui sont pas données, elle pourra s'enfermer dans une ceinture de terre plus solide que les traités et les alliances. Ses bastions posés, elle aura l'aisance d'un corps libre, avec la fierté qu'une armure intangible confère. »

Juin 1915.

HOMMAGE A L'ÉTINCELLE

IL réparait la ligne téléphonique, lorsqu'il fut encadré par une salve d'obus. Une gerbe de terre le masqua, et je le trouvai gisant, pâle et moite, en grande détresse. Il n'était pas blessé. Je le remis sur ses jambes et le soutins un peu, car il vacillait. C'était un petit marin blond, presque un mousse. Je ramassai son bonnet, dont il se coiffa à la façon des gabiers, laissant déborder une couronne de mèches frisées. « Va te reposer dans mon abri, lui dis-je; le sapeur finira ta besogne. » Sa figure se fit sérieuse. Il se baissa, saisit les tronçons du fil, chercha dans sa vareuse une pince qui dansa dans sa main tremblante. Quand il eut achevé la jonction, le sang rose afflua sous ses tempes, et alors il sourit.

Joie chaleureuse ! Une onde de noblesse émanait de cet enfant vainqueur. Il s'était maté, et il avait entrevu peut-être — sinon pourquoi ce sourire — que cela était bien. Mais moi, le témoin, j'étais là pour affirmer qu'une parcelle de la beauté virile avait resplendi, et pour jouir d'être de race humaine. Pourtant, dans la crainte de pervertir son orgueil et de fausser son courage, je ne lui fis aucun éloge. Même, par prudence, j'évitai ses yeux.

Mars 1915.

BALISTIQUE

AINSI que la foudre d'un Dieu trop distant,
l'obus ne cherche point l'homme dans la
plaine où il s'abat. On suit des yeux dans l'air l'invisible sillage sonore du projectile qui passe : qu'il
éclate à son point de chute ou se fasse sauter
lui-même quand a battu la seconde inscrite sur la
fusée, il obéit à un mécanisme inexorable. Le canonnier n'agit que pour libérer des forces soumises qui se détendent suivant leurs lois, abandonnées à la rigueur de leurs relations, et font décrire
à la masse tournoyante sa parabole qui atterrit où
elle doit. Le canonnier ne vise pas, il « pointe »;
il accomplit une fonction rituelle, il est un « ser-

vant ». Et, penché sur le détail qui lui est confié, il ignore quelle volonté préside à la cérémonie.

Sur le champ de bataille, on a conscience de cette complexité où l'intention hostile se perd : le bombardement gronde en orage, bat en tempête, roule en cataclysme, place l'homme au centre d'un formidable déchaînement sismique. Mais ce danger n'est pas à sa taille : pour faire vraiment peur, il n'est pas assez humain. Trop immense pour que l'on songe à lui opposer des muscles frêles et des os friables, on le subit comme le bélier des grandes lames marines. Il ne saurait effrayer comme fait un bruit de pas dans la nuit. Contre lui, on est à la fois désarmé en son corps, et souverain par l'esprit. On dénie à l'obus le pouvoir de dévier d'un pouce sa trajectoire fatale, pour atteindre; on lui retourne son indifférence.

Les oreilles bourdonnent, les reins chancellent sous des soufflets d'air lourds comme des sacs, les gorges s'oppressent, les yeux pleurent; cependant les nerfs gardent une indolence d'attente. Mais voilà que dans le calme revenu, ils se hérissent.

L'air fouetté d'un sifflement bref, révèle un nouveau parasite : la balle. Tout près, sur la crête du talus, un trait musical s'est brusquement cassé en un claquement sec où s'étouffe un autre bruit plus sourd, et l'on se doute que l'on a laissé paraître son casque au-dessus du parapet. On va mettre l'œil à un créneau, plus loin : le coup de fouet se renouvelle. Il y a là-bas, à cent mètres, un tireur installé derrière une plaque de blindage qui vous distingue et vous vise.

La balle ! on ne la voit pas, on ne sait jamais d'où elle part, dans quel sens elle siffle, si c'est la détonation du fusil que l'on entend, ou bien un écho, ou encore ce claquement sur la terre, inattendu et si fort parfois que l'on croirait que la balle explose; mais on sent sa présence maligne. Inoffensive aux tranchées, elle y vient exaspérer le souvenir des heures où l'on s'est aventuré dans son domaine, la rase campagne.

C'est là qu'elle règne toute-puissante, tendant au-dessus du sol ses trajectoires si évidentes que les pieds se lèvent d'instinct pour ne point s'empêtrer dans leur grimoire; tout le champ est une harpe horizontale dont on frôle les cordes sonores. Et un autre réseau se tisse et s'imbrique avec celui-là, aux fils plus rectilignes encore, plus subtils, plus directs. Ce sont les lignes de mire allant des points noirs au fond des yeux des tireurs à toutes les cibles humaines qui bondissent à découvert sur le guéret. Oh, ce danger est d'une autre sorte !

Jouet mince et délicat, dé d'argent ogivé pour ongle de Chinois, la balle n'est pas impassible; elle est solidaire du regard comme le poignard de la main. Acharnée, brûlante de désir, elle siffle en quête de la chair d'homme où se loger avec un frisson satisfait. Elle ne sévit pas avec égalité comme la grêle ou l'obus. Elle a des silences soudains, puis bourdonne, têtue, et les obsédants claquements recommencent, en avant, en arrière, sous vos pieds, avec un flocon de poussière, une aigrette d'eau, ou, la nuit, une lueur comme d'un cigare jeté à terre qui rougeoie. Quand le fantassin quitte le trou dans lequel il a soufflé un instant, et se dresse pour un nouveau bond, elle converge, fait une charge pressée. Par endroits, l'air est battu de sillages si denses qu'il résiste comme un courant que l'on refoule, et les poitrines se bombent en proue de barque pour fendre l'afflux homicide.

Décembre 1914.

DU MENSONGE

JUSQU'A la grande reprise d'haleine de 1915, nous
étions sous l'aiguillon d'une volonté urgente :
tenir. Nos forces donnant à leur limite, aucun
moyen de leur faire rendre plus encore n'était à
négliger. Toute méthode efficace devait être mise
en jeu sur-le-champ, et comme celles de l'ennemi
s'offraient, prêtes pour l'usage, nous ne pouvions
échapper à les emprunter des premières. C'est ce
que nous fîmes largement, et dirait-on avec avi-
dité, pour le mensonge d'Etat.

A mentir par utilité publique, on ne se propose
rien de plus que de modifier avantageusement la
réaction qu'engendrent dans l'opinion, les faits;
et comme on peut agir sur l'un ou l'autre de ces

deux termes, deux manières sont possibles. Les Allemands pratiquent avec prédilection la plus prompte en besogne : dénaturer les faits. Pour que s'en généralise chez nous l'emploi, celle-ci n'est pas assez souple : ou bien elle donne comme acquis des résultats probables, anticipant pour stimuler plus tôt, et le gain est mince, ou bien, à vouloir trop promettre, elle tombe sous la juridiction du devenir qui lui inflige de lourds démentis.

Avec bien plus de finesse, l'adaptation française entreprend de gauchir l'opinion, aussi ductile que les événements sont rigides. Sans doute, et dans les journaux surtout, le mensonge est banal : ses produits se débitent comme les seuls dont la clientèle soit constante. Il n'en demeure pas moins vénéneux. Ménageant son crédit, il se fait humble, bénévole, conseiller, évite tout ce que pourrait abattre d'un coup le choc de l'évidence, et pénètre, plein de malices intactes, jusqu'à l'esprit.

Son moyen est de substituer à la considération nue des faits, celle de leur valeur morale. Une ville alliée est-elle prise ? On prouve qu'elle était indéfendable, que son abandon est judicieux, tar-

dif même. La rupture d'une ligne ne démontre
point la supériorité de l'adversaire, car ses défenseurs n'avaient plus de munitions. Si l'une de nos
attaques échoue, il s'avère que les Allemands, pré-
venus par espionnage, s'étaient renforcés et n'ont
eu, à résister, aucun **mérite.** Le vocabulaire stratégique est précieux pour ces sortes de gloses : un
saillant, selon qu'il est tourné en dehors ou en
dedans, est présenté comme une position intenable
faute de flanquements, ou comme un coin qui dis-
loque les lignes et dont la menace oblige à rectifier
celles-ci. Toujours on s'efforce d'expliquer que le
problème était résolu d'emblée, par la force des
circonstances et des formules, au profit de l'ennemi et que la solution ne **prouve** rien.

Nulle ruse n'est en apparence plus grossière : le
bon sens admet mal un hasard qui décide avec
continuité à l'encontre de la valeur. Mais c'est là
justement ce qu'il convenait de suggérer : tout
désavantage passé, puisqu'il est fortuit, devient
par retour un gage pour l'avenir. Et ainsi, l'organe
satisfait à sa fonction essentielle : dévier, dans
le sens convenable, la prédiction.

Car la prédiction est l'objet de toute la curiosité humaine, le leurre qui lui fait endurer le vol harassant de la connaissance. L'étude des êtres et des forces, la lente analyse, l'ample brassage de pensées qui, par intervalle, amène à la surface une association neuve, n'ont qu'un but : dépasser le présent. L'ascendant des religions est fait des recettes — infaillibles — qu'elles offrent pour y parvenir; et la science abstraite séduit par l'illusion mesurée qu'elle propose en créant une aire artificielle où le jeu des prévisions est d'une telle justesse que la preuve même y devient superflue. Mais dès que l'on quitte ces enclos réservés, les procédés qui y réussissaient achoppent dans le domaine accidenté et touffu de la vie : les causes bifurquent, se superposent et s'entrelacent, les effets se perdent comme des veines d'eau sur le sable : à chaque instant nous sommes au tournant d'une route qui nous confronte avec un imprévisible paysage.

La soif de connaître en avant, toujours ardente parce qu'elle ne peut être étanchée, domine toutes les autres passions des foules; le mensonge d'Etat la satisfait de la seule façon qui soit possible : en la trompant. Et comme une force incontestable peut naître d'un faux espoir, ce fut en tous les âges un devoir du Souverain que de régler discrètement le délire sacré des sibylles.

*

L'imposture officielle n'est pas la seule à se pouvoir justifier au nom de la patrie en danger. Une tromperie intime peut être préconisée qui, sans contredire ce qui est connu, néglige de chercher davantage. Ne pas entreprendre d'enquête privée, c'est épargner une activité qui peut servir à des fins plus pratiques. Mais cette restriction suppose un lien de l'individu à la chose publique, un aveuglement dans la confiance qui ne sont point de notre race. Celle-ci n'accepte pas, sans comprendre, l'esclavage du but. Un homme de sa frappe n'est vraiment libre de s'utiliser que lorsqu'il est allé jusqu'à la limite de son esprit, ni en deçà, ni au delà. A vouloir la dépasser, il s'évague, et s'il tente de se restreindre, une méfiance reste en lui et le gêne. Il lui faut sacrifier le temps nécessaire à cette reconnaissance, s'imposer ce silence des désirs par lequel on atteint à la lucidité. Dès lors, qu'il appuie de son effort des conclusions favorables, ou qu'il intervienne ardemment pour renverser des conclusions troublantes, sa volonté de vaincre ne peut être amollie : en la baignant dans l'eau claire, il lui a donné une incomparable trempe. Le voici en règle, ayant pratiqué le rite qui l'accrédite envers lui-même et ses pairs : il a fait à la Vérité sa visite de politesse.

On comprend que les journalistes aient à peine le temps de déposer des cartes, mais certains de nos penseurs nationaux seraient mieux écoutés de maint Français s'ils laissaient deviner, par une nuance perceptible seulement à ceux qui la souhaitent voir, qu'ils ont fait cette visite, et qu'elle fut agréée.

Octobre 1915.

ANECDOTE

C'ETAIT la troisième nuit depuis que les marins avaient enlevé le poste d'écoute du Boterdijk. L'ordre était de s'y maintenir et de le transformer en fortin en l'adossant aux ruines d'une maison qui gisait à côté. Un chantier s'organisait chaque soir, et les travailleurs affluaient dans l'espace occupé déjà par la section de garde. Les corvées apportant les chevaux de frise tout hérissés de leurs barbelures, avaient peine à cheminer dans les boyaux où leurs faux pas rendaient d'inquiétants bruits de harpes détendues.

Il est mauvais de se laisser entendre lorsque l'on doit séjourner au contact d'un ennemi vigi-

lant, dans une position telle que celle-ci, trop
avancée, sans flanquement. Elle forme un triangle
appuyé à la digue de sable du polder de Bamburg
à droite, et aux ruines à gauche. De ce côté, la
tranchée allemande, haute comme une muraille,
l'enserre et décrit autour d'elle un arc concave
avant de s'incurver à l'inverse pour rejoindre les
lisières de Lombaertzyde : l'espace intermédiaire,
terrain bas tacheté de saules et fourré de broussailles, est une cuve d'ombre propice aux coups
de ruse.

Un rideau de sentinelles de part et d'autre, et,
à la pointe du triangle, une escouade tenant l'ancien poste allemand incrusté dans la digue, protégeaient le chantier d'où l'on n'accédait vers nos
lignes, à cent pas en arrière, que par un étroit
sillon bordant le remblai.

L'ouvrage commençait à se dessiner, et il était
inattendu de le construire si aisément là, au point
de convergence des créneaux ennemis. Les Allemands semblaient avoir la consigne de laisser
faire. Tout au plus lançaient-ils de temps en temps

une fusée accompagnée de bombes. Les équipiers
se jetaient à plat ventre pour éviter les éclats, et
les blessures étaient rares.

A onze heures, on congédia les corvées. L'ennemi se montrait décidément *trop* calme; quelques pionniers continuèrent seuls à poser des
boucliers, insouciants : car le danger n'est senti
que par qui s'en occupe.

C'était là le rôle de l'escouade de pointe, qui
veillait dur dans sa nacelle de sable. Epaulés au
rebord, les hommes dressaient la tête à découvert
pour mieux voir. Aucun mouvement dans ce
groupe tendu par l'effort de franchir les ténèbres
et capter les bruits.

Mais les ténèbres de la nuit flamande étouffent
le regard dès sa sortie de l'œil, comme la poussière absorbe le bruit des pas.

Au milieu de cette nuit et de ce silence, un bou-
quet de flammes jaunes s'épanouit juste au-dessus du poste, avec une volée d'explosions. Dans
l'éclair, on vit un homme s'écrouler, un jet de
sang à la place de la tête, pendant que les autres,

aveuglés, rompaient et s'engouffraient dans le boyau.

La surprise réussissait : sans qu'on les soupçonnât, les Allemands s'étaient avancés par une sape jusqu'à quelques mètres des veilleurs, et avaient soudain jeté leurs grenades. Bien qu'un seul de nos hommes fût tombé, la brèche était faite : déjà, les assaillants bondissaient sur le tablier de la digue, culbutaient les chevaux de frise, sautaient dans le poste et se jetaient dans le boyau, sur les talons des marins. Dans le fortin, les derniers travailleurs étaient en fuite. Les Allemands hurlaient de joie.

Or, au bruit des détonations, le sergent Rosmorduc avait couru vers l'escouade qui refluait, et l'avait jointe à vingt pas en arrière du poste d'écoute, en un point où la digue est coupée d'une traverse. Il saisit chacun de ses hommes par les épaules, le planta à la banquette en lui criant dans l'oreille : « Tire ! ». Et il retourna le dernier au débouché du boyau, comme un tourniquet que l'on ferme, et lui dit : « Toi, fais la mitrailleuse ! »

Sur sa première balle, deux Bavarois s'embro-

chèrent et s'abattirent l'un sur l'autre, obstruant
le passage. L'homme continua son tir par dessus.
Quand la culasse devint brûlante, il l'empoigna
avec son bonnet.

Les autres, accoudés à la tranche de la digue,
déchargeaient leurs armes sans désemparer, et
cela tendait devant eux une herse de balles où les
assaillants vinrent butter. On envoya chercher
une caisse de cartouches de réserve; ceux qui
n'avaient pas de place pour tirer les passaient
à leurs camarades, à pleines mains.

Une fusée laissant choir son feu de bengale sur
le gazon, éclaira un long moment les reîtres, agrif-
fés comme des chats au rebord du parapet du
poste. La rage crispait leurs figures où la lueur
éblouissante taillait en noir et blanc des grimaces.

Nos gens accueillirent avec un sentiment de
bien-être le déclanchement du tir de barrage, dont
les quadriges sifflants passaient si juste au-dessus
des têtes qu'on en sentait le vent. Les derniers
hommes de la compagnie d'attaque, coupés du
gros, s'éparpillèrent dans le polder où les cartouches de magnésium entretenaient une clarté on-

dulante. Les premiers demeuraient agressifs pourtant, et comme tous ceux qui tentaient de se dresser sur la digue étaient fauchés, quelques-uns essayèrent de déborder par le flanc; un tireur, posté à l'angle de la traverse, les abattit. L'un d'eux, la jambe cassée, se traîna longtemps dans une mare, en hurlant, puis s'envasa.

Maintenant, ceux qui restaient devant nous, ripostaient à notre feu. A chaque éclairement, des rafales s'échangeaient, à vingt pas; mais nous dominions, car tandis qu'ils étaient pris entre l'envie de rompre et l'ordre d'avancer, beuglé dans leur dos par un officier, nous n'avions fonction que d'abattre. Les plus hardis périrent en essayant de ramper sur les genoux; les autres culbutèrent dans la fosse ou s'enfuirent.

Alors, Rosmorduc prit sa lampe de poche et son revolver, et se lança dans le boyau. Les corps tombés, qui recevaient des balles depuis une heure, étaient tassés dans le fond à se joindre. A travers les semelles, on sentait la chair molle courir sur les os broyés. Le Breton entra dans le poste en déchargeant son arme, au hasard, devant

lui : rien ne restait dressé là. Le cône de lumière
éclaira une jonchée de vestes grises, sous laquelle
la capote plus sombre du décapité paraissait.

Après avoir nettoyé le champ de tir par une
salve, les marins reprirent leur faction; des blessés gémissaient encore dans la plaine. L'artillerie
s'apaisa; quelques torpilles furent échangées; la
fusillade crépita par saccades, puis cessa. Entre
deux fusées, l'ombre noire ne se referma plus sur
le ciel. Une langueur s'épandit. L'aube parut.
Détournant les yeux des alentours dont se dissi-
pait le mystère, les veilleurs les portèrent sur ces
hommes vautrés à côté d'eux. Ils les dévisa-
gèrent d'abord avec répugnance, puis s'enhar-
dissant, palpèrent les cartouchières de cuir jaune,
tirèrent les pattes d'épaule où se marque en rouge
le numéro du régiment. Déjà ils ne s'étonnaient
plus de l'intrusion de ces compagnons de cou-
chage à faces blêmes, ni de leur sommeil obstiné.

Mars 1915.

DE LA CONSCIENCE
DANS LE MAL

ELLE a bien cent mètres de tour, dit le commandant Clotaire — et, comme pour se donner raison d'un contradicteur possible, il descendit dans la fosse, déploya la courroie graduée de sa jumelle et compta trente-deux longueurs de l'un à l'autre bord.

— Je pense que tout le monde connaît avec une exactitude suffisante les dimensions d'un trou d'obus de 420, répondit Baltis, et le volume de terre excavé par chacun des projectiles me semble moins digne de stupeur que l'égale répartition des atteintes sur cette pauvre ville. Tous les murs chancellent; leur chair de brique rose s'épanche par dix mille lézardes, les toits sont depuis longtemps écaillés de leurs tuiles; la vieille tour des Templiers cède lentement sous les coups, informe et délitée déjà comme un menhir. Un cataclysme peut avoir de terribles et soudaines rages, mais ne travaille guère avec une telle assiduité, et, peut-on dire, avec une telle conscience professionnelle.

— J'ai passé le détroit de Messine, reprit le commandant, un mois après le tremblement de terre. Du paquebot, on apercevait quelques maisons intactes au milieu de quartiers complètement anéantis. Le feu avait calciné presque tous les arbres, sauf un groupe de platanes, épargné comme par miracle. A Nieuport, au contraire, il n'est pas une demeure ni un réverbère qui n'ait reçu sa part de ferraille. Au lieu d'une force aveugle, on sent ici la brutalité volontaire, l'acharnement à briser. »

Baltis grimaça un imperceptible sourire. — « Je suis étonné, mon commandant, que vous parliez de force aveugle. Les violences sismiques atteignent trop précisément les villes pour que l'on refuse d'y reconnaître des châtiments. Avec un suffisant recul, la cause morale qui les déclancha devient évidente. Qui douterait que Sodome et Gomorrhe furent condamnées pour leur excessive luxure ? L'histoire affirme qu'il n'en échappa qu'un homme et deux femmes, ses filles, qui se hâtèrent de l'épouser tour à tour après l'avoir enivré largement. C'étaient les seules qu'un parfum de modestie eût désignées à la clémence, et l'exception donne à rêver des effluves que devait émaner la corbeille entière de leurs compagnes. La force aveugle fut ici, convenez-en, l'instrument d'un juste courroux, servi par des pointeurs habiles à diriger cette « pluie de soufre et de feu » où l'on reconnaît un arrosage d'artillerie vu par un œil de feuilletoniste. »

Les paroles de mon ami me firent songer à l'implacable tourmente qui détruisit la délicate cité antilienne de Saint-Pierre, où le désir des marins jadis précédait les frégates. Ravivant le souvenir de ses ruines, je lui trouvai d'étranges parités avec l'aspect de Nieuport. L'église, là-bas comme ici, ne conserve que des pans de murs échancrés, entourant le chaos pierreux de la nef; les silhouettes des façades sans maisons et des maisons sans visages sont les mêmes; parmi les déblais vaguent des êtres silencieux prêts à s'enfuir vers leurs terriers, qui regardent en courbant l'échine dans la direction d'où viennent les coups.

Le commandant interrompit le parallèle où je me lançais avec complaisance, et que j'allais pousser jusqu'à la similitude des odeurs, car Saint-Pierre garde encore, après dix ans, son âcre relent d'incendie. Il me pressa de détails sur les phases de l'éruption, avec une curiosité d'autant plus alerte qu'il était mieux documenté que moi, ayant butiné, dans quelque ouvrage technique, de ces fragments de notions précises dont il est avide. Et, s'échauffant, il se mit à louer sans retenue l'ampleur de la catastrophe et sa violence à détruire toute chose vivante, ainsi que Bossuet se monte d'enthousiasme quand il décrit le Déluge, incapable en son excès de puissance nocive de se limiter à sa mission épuratrice, qui sème les germes des putréfactions futures.

« Il est certain que la méthode mise en œuvre
à Saint-Pierre n'a pas une faiblesse, résuma Baltis.
La montagne tonne et gronde, puis s'apaise si vite
que cela ressemble à un bluff : la population, après
un moment d'émoi rentre en ville, grossie de
curieux des environs et de fonctionnaires venus de
Fort-de-France pour la rassurer officiellement.
Quand l'alerte est oubliée et la vigilance endormie,
un matin, la valve du réservoir souterrain s'ouvre
sans bruit, et les gaz libérés roulent sur les pentes
et submergent le port. Leur emploi n'a jamais été
plus opportun : rien n'étant disposé pour les combattre ou les fuir, aucun vivant ne résiste à la
bouffée brûlante qui envahit d'un trait les pou-
mons et fait éclater les entrailles. Plus tard, sur le
champ de mort, le bombardement brisant et in-
cendiaire commence, et se poursuit avec des len-
teurs et des reprises, comme pour mieux juger de
l'effet, jusqu'à la subversion. Nul ne souhaitera
plus demeurer là.

J'avais grand tort de donner le prix aux artilleurs prussiens. »

Le commandant Clotaire exultait, et saisissant

l'occasion de se contredire : « Il ferait beau voir que de vils esclaves du Diable s'égalassent aux exécuteurs de desseins insondables ! Oui, nos ennemis ne sont que d'obstinés et médiocres plagiaires. Leur damnable érudition puise à toutes les sources, même aux plus sacrées. L'idée des gaz asphyxiants et de cette surprise d'Ypres qui fit pâlir de rage tous les bons soldats, je vois maintenant qu'ils ne l'avaient pas plus inventée que celle d'agir sur le moral des peuples en faisant de leurs villes des tas de pierres noircies lardées de morts. »

Baltis contemplait les ruines, et, près de la tour, une grande bâtisse ouvrant au ciel la cage de ses solives, nues comme les côtes d'un squelette.

« A fréquenter ces étalages de désolation, dit-il, on comprend qu'ils soient indispensables à la manifestation de la Force. Quelle preuve par la bonté pourrait avoir l'accablante évidence et la permanence de ces preuves par le mal ?

— C'est pourquoi rien n'est plus impie que d'imiter la colère divine en ses méthodes, pour servir la plus juste des causes, conclut le commandant; et Baltis ajouta :

— Dites simplement que rien n'est plus *inhumain.* »

Novembre 1915.

ACCOUTUMANCE

L'HIVER dernier, j'occupai pour quelques jours
un ouvrage d'approche, en avant de l'Yper-
lée. La berge orientale, formant talus contre la
rive, dévalait en prairie à l'opposé, jusqu'à la
lisière d'un bois dissimulant les lignes allemandes
et infesté de tireurs. Sur la prairie déclive où tout
ce qui paraissait se détachait comme une cible
aussitôt cherchée par les balles, une tranchée
arrondie en demi-lune avait été creusée de nuit,
hâtivement, pour défendre le point d'amarrage
d'une passerelle. Il y fallait rester tapi tant que
durait le jour, car l'infiltration empêchait de l'approfondir.

D'une niche ménagée dans le talus, je dominais

le paysage et surveillais mes hommes. Les genoux dans l'eau, ils avaient froid mais ne se plaignaient guère, grignotant leurs vivres distribués avant l'aube, évitant de bouger comme ils en avaient l'ordre et en sentaient la nécessité.

Vers la fin de l'après-midi, ils s'agitèrent; un murmure courait le long de leur rang. Par je ne sais quelle voie (aucun boyau ne les reliait au pont, et le talus masquait la rivière), ils avaient capté cette prestigieuse nouvelle : le tafia était arrivé.

En effet, sur l'autre rive que je découvrais de mon observatoire, on faisait la distribution au reste de la compagnie; rare aubaine en ces lignes séparées des centres de ravitaillement par des lieues de champs noyés. Et mes hommes protestaient contre une exclusion d'autant plus injuste qu'ils étaient, plus que les autres, à la peine.

Soudain leurs figures déçues s'illuminèrent, s'épanouirent, et avant que j'eusse pu faire un geste, quelqu'un bondit d'à côté de moi qui s'encourut à toutes jambes par le pré. Bien qu'il eût à peine trente pas à franchir, il n'était pas à mi-

course que la fusillade crépita. Je le vis pourtant
se jeter dans la tranchée et disparaître.

C'était l'un des caporaux de la section d'avant-
poste. Il avait dû se faufiler le long de la berge
puis il était revenu par la passerelle, apportant la
ration de son escouade. Comme je lui criais les
paroles que je croyais adaptées à la circonstance,
une voix me répondit : « Il a l'air d'êt' mort ! »

Le sursaut de colère fut si violent que je me
trouvai à mon tour galopant à découvert, et ne
pris conscience de ma stupidité qu'en entendant
grêler une nouvelle salve. Je sautai juste à côté
de mon homme. Il avait la figure plaquée à la
boue du remblai, et son corps affalé dans la douve
était troué d'une brèche si large qu'un morceau
du cœur avait jailli au dehors. Atteint à la dernière enjambée, il était tombé là, sans un cri.

Deux de ses camarades se concertaient à voix
basse près de lui, et l'un d'eux, un gros garçon
du Nord, rouge de froid, me dit :

« Il a pas eu d'chance, il avait déjà un pied
d'dans; et ce qu'y a d'malheureux, c'est qu'il a
chaviré l'bidon : tout l'tafia est à l'eau ! »

Je passai de mauvaises heures dans ce fond de tranchée, en attendant la nuit. La mort de ce petit caporal de vingt ans auquel j'avais donné ses galons la semaine passée, son acte si franc de hardiesse et si lamentablement inutile, cet héroïsme taché de burlesque me navraient. Et j'étais plein de rancune contre ceux qui avaient causé ce dévouement naïf, et qui, inconscients d'en être pour une part responsables, continuaient près de moi à envisager les moyens d'obtenir une distribution supplémentaire en rentrant au cantonnement.

Me souvenant d'eux, maintenant, j'incline à quelque indulgence. Plus sensibles, auraient-ils subi sans faiblir tant de pertes et d'épreuves ? Une pareille indifférence au spectacle de la mort, chez ces hommes simples, a sa grandeur et aussi son utilité.

Mai 1915.

POUR UN MUSÉE PSYCHOLOGIQUE

C'ETAIT une après-midi de Juin, dans le jardin de notre villa suburbaine. Nous étions fiers de cette maison que nous avions « louée » toute neuve, les cloisons encore vierges de papiers peints, à peine ajourées de quelques rares trous d'obus. La cave spacieuse était convertie en hypogée, sous voûte de béton, et, dans les répits du bombardement, nous avions la jouissance du jardin, fleuri d'un grand massif de roses.

Le colonel et Baltis guettaient des projectiles passant très haut au-dessus de nous, qui s'en allaient choir sur l'emplacement d'une batterie voisine. Avertis par le sifflement glissé, ils parvenaient souvent à saisir des yeux le cylindre noir et à le suivre dans sa chute oscillante jusqu'à ce qu'il disparût derrière un rideau de peupliers d'où montait aussitôt une bouffée grise.

Le bruit d'une détonation achevait de se perdre en échos, lorsque la porte claqua, livrant passage au commandant Clotaire, très affairé et brandissant un objet. Il s'inclina devant le colonel, puis, avisant Baltis :

« Savez-vous ce que je tiens là ?

— Il me semble que c'est un morceau de fil téléphonique.

— C'est une corde de pendu, et toute chaude. Je faisais la sieste, lorsque mon ordonnance m'a éveillé en criant qu'on avait découvert un pendu dans le grenier de la sacristie. Je me laissai conduire. Un groupe de soldats se pressait à la porte; je les écartai pour monter. En émergeant de l'échelle je me trouvai au niveau du corps, que l'on n'avait pas osé dépendre. Le fil que voici était passé autour d'une poutre et pénétrait profondé-

ment dans le cou tuméfié. Pas même de nœud cou-
lant, et la poutre est si basse que les jambes repo-
saient molles sur le plancher. Il avait fallu, sem-
blait-il, une bonne volonté singulière, et je dirai
même quelque courage pour mourir dans ces conditions. La dépouille que je fis transporter dans la
cour, était celle d'un territorial. Sur lui, aucun
papier significatif, ni dans le grenier aucun objet
si ce n'est une bouteille vide et débouchée sentant
l'alcool. Des hommes de son cantonnement m'ap-
prirent seulement qu'il avait disparu depuis deux
jours. Ils ne lui connaisaient aucun motif de déses-
poir et restaient court.

Pour moi, mon opinion est faite, et je n'hésite
pas à l'affirmer : cet homme s'est tué par peur de
la mort. »

Décidément, le commandant Clotaire a le para-
doxe banal. Mais Baltis ne parut pas en faire la
remarque, et répondit assez chaudement :

« Permettez-moi de n'en rien croire : il s'est tué
par peur de la souffrance, et peut-être par peur
de la peur. Il faut une autre formation que la
nôtre pour manier avec maîtrise d'aussi terribles

poids que la vie et la mort. L'instinct vital s'étiole au cœur des hommes modernes, spécialisés dans l'inconfort et le bien-être, la maladie et la santé, l'ennui et le plaisir. Il leur manque cette ardeur qui s'exalte dans le risque et suscite contre le danger une mobilisation de tout l'être comme celle qui décuple la force du barbare traqué. Votre territorial était excédé de porter des chevaux de frise aux avant-postes, de cheminer dans les boyaux fangeux, les pieds au froid et la tête rentrée dans les épaules pour éviter les balles. En se donnant la mort, il fut beaucoup plus conséquent que vous ne le pensez. Et n'était la crainte de l'Enfer, ou celle de déchoir, d'autres peut-être agiraient ainsi.

— Par leur répugnance, répliqua le commandant, les témoins de la scène montraient qu'elle est peu propre à faire école. Puisque ce soldat désirait la mort, le bon sens voulait qu'il la cherchât là où elle est présente et prompte en besogne, dans quelque action en plein jour, plutôt que de choisir ce lieu sinistre.

— Vous tenez absolument à le faire échapper

à la logique ; c'est lui conférer gratuitement du
génie. Tout me semble au contraire très platement
explicable dans la fin de cet homme. Il ne fuyait
pas la vie, mais la guerre. Pour gagner une blessure mortelle, sous le feu de l'ennemi, il aurait
dû se faire violence, tandis qu'il a cherché un
cadre intime, retiré, presque familial; et, avant
de plier les jarrets, il a bu un bon coup pour évo-
quer des temps meilleurs.

— On dirait que vous l'approuvez, repartit, non
sans rancune, le commandant.

— J'en ai plus horreur qu'il n'est en moi de
l'exprimer, et si vous compreniez comme je fais
ce que signifie votre document psychologique,
peut-être eussiez-vous hésité à l'introduire dans
votre poche. Il marque le dernier terme d'une
décadence que j'abomine. Je voudrais ne pas voir
combien se vulgarise la mort. Il ne faudrait penser à elle qu'avec un effroi religieux. Elle doit
être si belle dans la bataille, quand on a les bras
chauds d'action, et que l'on sent autour de soi
claquer l'haleine du danger. Mais cette guerre
prodigue de plus en plus l'accident qui advient

n'importe quand, hasard méthodique qui frappe sans haine. On mange d'un côté d'une barricade de sacs pendant que de l'autre l'ennemi recoud ses boutons de culotte. Et la Parque vous fige dans les attitudes les moins nobles, ou vous déchire de ses armes malpropres, torpilles qui éventrent et parois d'obus qui font d'une cuisse un moignon ébarbé. Rien n'est plus dégradant que cette promiscuité avec l'ennemi, que cette promiscuité avec la mort. On ne devrait s'approcher de l'un et de l'autre que pour les défier en crachant des insultes ».

Le colonel Hougard mit la main sur l'épaule de Baltis. « Vous me faites plaisir : il faut toujours réserver ce que notre métier a d'éclatant. Mais ne méprisez pas la forme trop moderne du risque qui a bien son prix, car elle exige du soldat un dévouement dans le sacrifice, une conscience, une résolution préalable dont il n'eut pas besoin autrefois.

L'on ne va que rarement au devant du danger, mais l'on est sans cesse *exposé*, et par là même on peut être exemplaire.

Et vous auriez raison, Clotaire, de croire que cette guerre offre à ceux qui veulent se démettre de la vie l'occasion de le faire en beauté, si l'on pouvait à la fois profiter d'un tel bienfait et en être digne. »

Juin 1915.

COURAGES

CHEZ quelques-uns, le courage résulte d'une dévolution : ils ont fait à leur pays le don d'eux-mêmes et attendent qu'il soit agréé.

Chez d'autres, il est un corollaire mathématique; pour eux, l'atteinte, ce point d'intersection de l'espace par le temps, est une anomalie qui ne saurait causer de permanente alarme.

Chez d'autres, il se base sur une croyance : le Paradis leur est promis et les attire.

D'autres conviennent que la vie est douce, mais n'ont aucune raison de supposer la mort moins agréable.

D'autres sont hardis parce que c'est dans le danger qu'il est le plus savoureux d'être gai.

Pour certains, le courage est fait de l'amour même du risque.

Telles sont les diversités qui s'offrent au commentaire. Mais le courage n'est que l'expression visible de ce que chacun a d'honneur.

Octobre 1915.

RITUEL FUNÉRAIRE

NOUS nous étions rencontrés près du moulin ruiné dont la carcasse repose sur un tertre de gazon, semblable à l'épave d'une barque. J'étais venu là pour visiter une tombe fraîche, Baltis pour lever le plan de celles de son bataillon qui s'alignent nombreuses dans le champ où jouait autrefois, à la descente du jour, l'ombre allongée et diligente des grandes ailes.

Il me dit :

« Tu le vois, je m'occupe de placer des étiquettes que la pluie n'effacera pas, et de noter des repères pour les suppléer encore si elles étaient arrachées. Je veux pouvoir répondre à ceux qui viennent avec des vêtements de deuil pour nous interroger quand nous allons à l'arrière, et je sais maintenant quelles sont leurs questions les plus anxieuses. Rarement s'informent-ils des dernières journées de celui qu'ils pleurent, désirent-ils savoir si l'heure dont il a emporté le goût dans la tombe était glorieuse, consciente, nourrie d'action. Ce qu'ils demandent presque toujours, c'est l'emplacement de la sépulture, l'assurance qu'on le retrouvera sans erreur et que la translation des restes sera possible au temps de la paix. Une telle préoccupation est inconciliable avec l'idée que nous nous faisons d'un soldat et des valeurs diverses de sa fin. Mais elle est trop répandue pour que l'on s'abstienne de lui obéir exactement; car les coutumes funéraires sont faites pour la consolation des vivants, et non pour des préférences incertaines qui n'ont plus de voix pour s'affirmer.

Pourtant je ne cesse pas de sentir le sacrilège des actes que nous préparons par une délégation pieuse, et de souhaiter qu'il ne soit point commis. Peut-être renoncera-t-on à extraire, après trois ans, ces dépouilles avides de repos, à les démêler les unes des autres, à les trier d'avec le sable, à les charrier à travers les villes pour leur accorder enfin, comme une récompense publique, la sépulture de ceux qui sont morts dans leur lit !

Il semble que, chez un peuple dont la religion distingue avec tant de certitude l'âme du corps, le culte voué aux défenseurs pourrait être parfaitement pur d'attaches charnelles. Prenant pour sanctuaire le souvenir, qui seul assure spirituellement la durée, il ne laisserait pas masquer, par des soins rendus aux cadavres, les devoirs envers les morts. Alors, la terre imprégnée de sang et labourée par les bombes, serait tenue pour le plus glorieux cimetière, de même que la mort n'est nulle part mieux honorante que sur la ligne de feu.

Mais peut-être serait-il plus fructueux de comprendre que de vouloir réformer. Dans le souci de l'ensevelissement régulier, je vois autre chose que la permanence de coutumes que les croyances n'expliquent plus. La douleur, en son premier assaut, serait intolérable si elle restait concentrée dans l'esprit. Elle a besoin de quelque tâche matérielle qui la dérive; il lui faut s'épancher en des devoirs immédiats, et, si elle en est privée par l'absence, elle s'attache à imaginer ceux qu'elle pourra rendre plus tard. De là tous les regards tendus vers les tombes, et l'attente du moment où elles seront accessibles, comme s'il devait assurer un apaisement.

Les femmes surtout se désespèrent de leurs mains inactives, de leur douceur inemployée. Se souvenant encore des soirs où leur rôle était de préparer des bûchers en hurlant à la mort dans les plaines moutonnant d'hommes entretués, elles sont plus que nous éprouvées par le besoin d'agir, qui est une défaillance de la pensée.

Et quel plus déchirant hommage la souffrance pourrait-elle rendre, que cette terreur de prendre contact avec soi-même ? Il faut que sa violence se consume avant qu'elle n'acquière la qualité qui doit être la sienne.

Pour nous la piété prend tout de suite d'autres formes : pour savoir comment les hommes veulent qu'on les traite, il nous suffit d'ouvrir les yeux.

N'as-tu pas étrangement senti la disparité qui se révèle sur le champ de bataille entre un mort et un blessé, si grièvement atteint qu'il soit ? C'est une évidence, mais qui nous pénètre là d'une façon impitoyable — exaltante aussi. Que l'on expose des porteurs pour secourir le guerrier pantelant ! Que tout soit mis en œuvre pour sauver la lueur vivante dont il est gardien, car elle est l'espoir qu'un combattant dressé pourra renaître de lui ! Mais le corps gisant déjà roide, inanimé, n'est rien de plus que la fiche qui marque l'absence d'un soldat, n'implore rien de plus qu'une couverture de terre.

La hiérarchie, partout ailleurs intangible, pourrait s'incliner devant une si manifeste réserve. La gêne est grande d'accorder à tel cadavre une caisse doublée de zinc et un trajet en camion, tandis que nous enterrons les autres comme des soldats peuvent le faire, parmi les fatigues de leur métier. C'est à l'égard des premiers que l'injustice me semble commise, et bien grave.

Je me souviens d'un soir d'hiver où l'on ensevelit un de mes hommes, tué pendant le jour. L'inondation et les tirs de barrage bloquaient les tranchées. Nous avons dû choisir un coin de champ tout proche et masqué par un rang de saules, où les pionniers, en rampant, allèrent creuser une fosse avec leurs outils de travail. La brume descendue avant la nuit sur les polders, nous permit de commencer la cérémonie sans attendre le crépuscule.

Pendant que l'on apportait le corps sur un pavois fait de deux fusils, j'ai regardé le fond du trou. Il était d'une glaise plus pâle que le sol environnant, molle, plastique, semblant prête pour un moulage. Le mort s'y étendit, prenant contact de toute sa longueur. Dès que les bras furent rangés dans l'attitude rituelle, le visage aux yeux clos parut exprimer une attente. Mes hommes, penchés sur lui, la comprirent, et chacun, saisissant une poignée de terre, à toute volée la lança sur ce front implorant. Et l'argile le protégea de la lumière et du regard des vivants, douloureux aux cadavres.

Je n'oublierai pas la hautaine ferveur qui les animait soudain, ainsi que des paysans, ayant découvert des objets sacrés, retrouvent pour les manier les gestes perdus du sacrificateur.

Décembre 1914.

L'ARRÊT DANS LE CHOC

ILS arrivaient au but : la vague d'assaut allait déferler contre la tranchée ennemie.

Pour l'attaque, on avait choisi l'heure trouble des aubes d'hiver qui, ce matin, après une nuit pluvieuse et interminable de solstice, s'encotonnait de moiteur. L'air était chargé de buée, une fumée d'eau traînait sur la terre spongieuse; les couleurs s'indiquaient par masses foncées dans la lumière diffuse.

Ils étaient sortis en silence des parallèles où ils se tenaient depuis une heure, serrés en une longue file frissonnante et glacée; ils avaient rampé jusqu'à la bordure d'un champ de betteraves, puis, au coup de sifflet, s'étaient lancés sur la prairie qui restait à franchir, à un tel train que la fusillade n'avait pu mettre en loques le rideau galopant.

Enivrés de leur course heureuse, ils abordèrent le remblai; une boue liquide bavait de la terre rejetée, où leur élan s'englua. Ils gravirent la courte pente en peinant des genoux, et se profilèrent sur la crète, à bout de souffle et sans erre, oscillant.

A leurs pieds, tout près, émergeaient à mi-corps du fossé plein d'ombres, des figurants à capotes vertes, immobiles en des poses confuses, épaulant, coudes levés, avec le geste gauche des enfants que l'on va battre. Les assaillants regardaient cela, comme arrêtés à la lisière d'un rêve et indécis à la franchir, paraissant se demander soudain pourquoi ils étaient là, avec ces armes dans leurs mains, oublier quelle promesse fiançait les fines lames blanches aux poitrines offertes que l'aube nimbait d'un halo. Dans le champ qu'embrassait mon regard, une stupéfaction figeait les ennemis face à face.

Quand je mis fin à cette confrontation d'un instant par trois coups de revolver qui firent brèche et déclanchèrent la ruée, il me sembla que je brisais l'apparence seulement de quelque chose d'indestructible, comme le reflet d'un tableau dans une glace.

Décembre 1914.

EN SERVICE VOLONTAIRE..

Baltis est mort aujourd'hui, simplement, sans se départir des apparences discrètes où la grandeur s'isole. Un obus l'a désigné parmi ses hommes, au cours du bombardement quotidien. Il a survécu quelques heures, mais assez nettement frappé pour que les tentatives médicales lui fussent épargnées. On l'avait déposé dans son abri de combat quand je l'ai rejoint pour recevoir son adieu; nous l'avons veillé jusqu'à l'heure des relèves, et nous l'avons emporté. Il repose sur un brancard, dans la chambre voisine; nous devons l'enterrer demain.

Je n'irai pas prier sur sa tombe, en quête de sa

présence, car ce n'est pas en tel lieu qu'il m'a donné rendez-vous, mais en moi. C'est là que je veux m'appliquer, dès ce soir, à orner pour mon frère d'armes une chambre funéraire où son souvenir habitera, non point construite pour la rigide éternité des choses, ainsi qu'une colonne mémoriale : taillée dans la matière vivante, elle en aura l'éphémère durée et la chaleur.

Il aimait à imaginer la vie posthume telle que la permanence des vibrations dans un milieu sonore, lorsqu'un accord s'est tu. Certaines âmes sont attirées par l'odeur du vin répandu, volent vers les lieux où l'on rôtit des viandes. La sienne jouera parmi les harmoniques spirituelles et la résonance des cœurs.

Je ne serai pas seul à lui assurer un asile. Quand ses hommes défilaient à la porte de sa cabane de madriers, je les ai regardés un à un. Leur regret ne se dissipera point comme la fumée d'un obus, mais il sera effacé depuis longtemps que la vertu d'exemple entée sur eux grandira encore, sans qu'ils sachent reconnaître sa sève.

D'autres qui sont loin, et ignorent quels nouveaux devoirs ils ont assumés, lui continuent leurs pensées d'absence. Ils ne peuvent l'oublier, car Baltis avait la puissance humaine d'agir sur ceux qu'il approchait, comme une force modelante. Un rayonnement émanait de lui qui ne s'éteint pas avec lui.

Songeant à l'influence que moi aussi j'ai reçue, j'en sonde pieusement la profondeur amie. Si ma mémoire venait à faillir, cet irrécusable gauchissement que je mesure sans jalousie et qui est son œuvre, garantirait sa survivance. J'en suis répondant comme d'une chose confiée que je transmettrai à mon tour, car ce qui est né de la vie veut, pour s'affirmer, peser sur les esprits déformables.

Sans doute comptait-il sur le genre de fidélité auquel je parviens maintenant, lorsqu'il m'a dit, quand je soutenais de mes mains sa tête où le sang tarissait : « On peut mourir de tout son cœur pour ce que l'on préfère seulement. » Et il y avait dans son regard ce mélange d'ironie et d'ardeur qui était lui.

Saurai-je, pour ceux que ne guidera pas ce regard, commenter le testament de Baltis ? Il est allusion à tant de livres que nous avions lus ensemble, à tant de choses que nous avions dites, ou pensées sans qu'il fût besoin de les dire !

*

Baltis semblait avoir collectionné toutes les raisons d'indifférence qu'enseigne la vision intelligente du monde et des êtres. Entre les aspects divers et les dogmes opposés, son esprit s'insinuait comme une eau, ayant pour moyen la fugacité et pour tendance la profondeur. Il avait parcouru l'enclos de la Terre, et l'on aurait pu croire qu'il s'était attardé partout, tant sa curiosité était avide, et ferme l'appréhension de son regard. Il s'était promené longtemps aussi dans le jardin des idées où la fièvre magicienne de l'homme a épuisé les métamorphoses, et dans celui des arts, plus ordonné, enseignant avec une sincérité plus évidente, et des preuves moins passagères. C'est là qu'il avait appris à composer de ses admirations changeantes la définition de plus en plus serrée de son goût.

Mais le plaisir qu'il prenait à comprendre et

thésauriser ne l'avait point fait avare. Il ne redou-
tait pas d'être dupe en se donnant et se dépensant
dans l'action et les ardeurs généreuses. N'ayant
rien négligé de formel ni de vivant, à l'inverse des
professeurs d'indifférence, il avait pu réaliser une
diffusion de la connaissance qui fût au choix ce
que l'aube est au jour.

Quand il vint ainsi équipé à la guerre, il sut y
trouver des valeurs, objet de son inlassable désir.
Elle n'essaya pas de l'éblouir d'une mise en scène
peu faite pour contenter celui qui sait l'allure des
cavaliers maures surgissant à la crête des dunes, ou
celle des gens de pied que l'on croise sur les pla-
teaux d'Asie. Elle lui épargna aussi des plaisirs
d'amour-propre dont il se fût méfié, ayant savouré
dans ses voyages un agir plus libre, un rende-
ment plus net de l'effort. Depuis son arrivée au
front, il n'avait cessé d'être une maille dans la
chaîne, une force élémentaire dans la poussée, le
capitaine de l'une des dix mille compagnies dé-
ployées continûment d'Alsace à la mer. « Le
hasard a voulu me montrer la voie, disait-il. »

Exempt de chercher dans cette guerre ce qu'elle n'est point, il s'était tourné sans erreur vers les amples beautés qu'elle livre à ceux dont la ferveur n'est point asservie à une recette

*

Et d'abord, il goûta la responsabilité qui le liait à ses deux cents soldats, le pouvoir absolu dans sa définition que son autorité lui conférait : car le capitaine est le chef présent, celui dont le corps s'expose et la voix sonne, celui vers lequel se tournent les yeux.

Au début de la bataille des Flandres, sa compagnie se trouva placée en bordure d'un chemin de halage. Elle n'avait pas été sérieusement engagée jusque-là, et, avec ses forces intactes, s'ignorait encore : il lui manquait d'être « éprouvée ».

Un matin, à l'heure où les hommes s'ébrouent dans leurs vêtements humides, un bruit étrange se leva de la gauche, paraissant venir d'un coude de la route où l'ombre s'attardait. Des troupes étrangères prolongeaient les nôtres, dont la compagnie de Baltis formait l'aile. Le bruit grandit, attaquant les nerfs d'un frisson équivoque, puis jaillit en une clameur nombreuse, et l'on vit paraître une horde de soldats débandés, quelques-uns sans armes et tête nue, les traits écartelés par la peur. Bientôt, le champ, en arrière de la route, en fut couvert, et ils passaient sans cesse au galop contre les tranchées, criant que les Allemands avaient franchi la rivière, qu'ils étaient sur leurs talons... et des choses qui ne sont pas à écrire.

Pour la compagnie que frôlait cette épouvante en marche, l'épreuve était plus dure qu'une charge de casques à pointe, et Baltis, tout en accomplissant d'instinct sa tâche professionnelle, regarda ses hommes avec une curiosité ardente. Allaient-ils être emportés par le flux de terreur, s'agréger au troupeau dont la course venteuse leur soufflait au visage son abominable appel ? — A l'alerte, ils avaient bouclé leurs sacs et saisi leurs armes, comme pour combattre, ou comme pour fuir; tout en eux était hésitant, ambigu; sur leur rang aligné dans la tranchée, se propageaient des ondes qui le faisaient osciller, prêt à fléchir. En passant devant eux, Baltis vit dans leurs yeux une détresse naïve, un renversement de naufrage, un abandon total de volonté, l'éperdu désir d'obéir, avec le secret espoir qu'il ne leur serait pas trop demandé.

Mais à son geste qui pointait à l'encontre de la déroute, à sa voix qui donnait claire dans le tumulte, la rupture d'équilibre se fit dans ces êtres tendus, une flamme d'orgueil jaillit, et refoulant le flot dément, ils suivirent sans défection leur chef qui les menait vers une position flanquante, pour barrer la route à l'ennemi.

Ils étaient sauvés : ils avaient échappé à la métamorphose : ils étaient restés des hommes.

Baltis était trop individuel, et si je puis dire, trop descriptif pour subir une contagion panique, et, dans cette aventure, il avait agi sans le stimulant du véritable danger. D'autres fois, dans l'air ébranlé par les détonations, strié par les balles, sur le sol tuméfié par les bombes et jonché de

mourants, il avait connu la joie la plus haute qui
puisse être donnée à un chef, une multiplication
des facultés dans l'action, un sursaut de l'être
rassemblé et docile, et cet étrange dédoublement
qui, laissant libre l'esprit pour comprendre, la
volonté pour décider, le corps pour agir, leur
superpose encore un arbitrage, une jouissance,
une souveraine emprise sur l'Instant.

*

Mais, plus profondément peut-être que les
grands coups de gong du danger avaient retenti en
Baltis certains silences, certains moments de
maîtrise solitaire au bord de la défaillance en-
trevue.

Décembre est lugubre en pays flamand : à deux
heures l'on sent déjà survenir la nuit qui s'abat
lentement sur la plaine noyée, désespérant les
êtres. Pendant les dernières semaines de 1914, le
régiment de Baltis ne cessa d'errer des tranchées
aux lignes de soutien, des cantonnements aux
parallèles d'attaque, égrenant ses hommes en des

marches obscures à travers les mares, enlizé dans les fossés, bivouaquant dans de pauvres fermes dispersées comme des îles sur l'immensité gluante, laissant des compagnies étendues en éventail devant les créneaux des mitrailleuses allemandes.

Après une journée de cheminements et piétinements sous l'inexorable pluie, Baltis et ses sections parvinrent une nuit aux tranchées où ils devaient faire une relève. Etablies en un point perdu et comme anonyme du bas pays, ces tranchées ne laissaient deviner leur approche par aucun repère, et l'on donnait à l'improviste dans le cloaque grouillant d'hommes. Il était pire que les pires passages de la route : l'eau ruisselante avait gâché les terrassements, les parapets fondaient, les boyaux suppuraient comme des cicatrices malsaines.

Pour répartir les hommes alourdis par le drap imprégné d'eau et les chaussons de glaise plombant leurs brodequins, il fallut pendant deux heures battre d'un bout à l'autre la zone crevassée, pénétrer sur les genoux dans les abris inondés dont les toits ployaient, persuader d'y gîter les escouades somnolentes et maussades. Puis Baïtis dut imposer leur poste et leur tâche aux soldats qui s'étaient engourdis sur place, aussitôt finie l'étape. Pour la troisième fois, il parcourait la tranchée principale, accrochant son équipement aux sacs des veilleurs, rejeté de l'une à l'autre paroi saliveuse, buttant sur des gamelles et des armes perdues, trébuchant dans les fondrières. Il devait, pour avancer, extraire un à un ses pieds de la fange, à la façon des buffles qui labourent les rizières. Au tournant d'une sape, un bloc de terre glissa, qui lui emprisonna les jambes. Il venait de se dégager et de reprendre sa marche obstinée de somnambule, quand un insurmontable dégoût le submergea. Cette avancée dans l'ignoble viscosité foisonnante, ce toucher des ténèbres grasses l'accablaient; et plus encore, l'idée de l'effort à dépenser pour mettre à l'œuvre les hommes là-dedans, les obliger à porter des fardeaux poisseux, à enfoncer leurs pelles dans la vase collante. Sa volonté sombrait. Il s'arrêta, buté dans un entêtement de stagnation, voulant se saturer de sa détresse, subir plus âprement l'hostilité hargneuse émanant de la nuit.

Mais comme il en prenait pleine conscience, une réaction, inattendue comme une grâce, le releva. Aidé par l'égoïste pouvoir qu'il retrouvait soudain d'être lui-même, il s'arracha d'un coup à la désolation ambiante pour s'en faire une solitude. Et ce fut d'un pas singulièrement allégé qu'il continua sa ronde, rassemblant les énergies en déroute et semant de gaies paroles, dans la joie un peu ivre de s'être dépris de l'embourbement universel.

*

Ce Baltis, composé comme à plaisir pour une orgueilleuse inutilité, voici qu'il est mort, grandi par son stage à l'Ecole du Réel. Mais si sa dernière étape peut être jugée la plus belle, elle n'a rien aboli de ce que les autres avaient glané d'essentiel. Ce serait dresser une mauvaise louange à cette fin glorieuse, que d'y voir le couronnement d'une conversion, car elle n'implique pas de reniement. Et si l'abbé David la compare à celle d'un martyr, il en faussera le sens en son amitié pieuse. Baltis n'avait du martyr ni l'absolue conviction, ni l'esprit de sacrifice, ni l'appétit de la mort.

« La France mérite d'être aimée non pas avec passion, disait-il, mais avec dilection. » Il ne croyait pas en elle sans contrôle : son amour avait des véhémences, mais aussi des réserves et des lucidités. Les actes dont il la défendait n'en étaient pas moins précis. Elle était la terre où il se reconnaissait le mieux en revenant des autres, la gardienne d'une culture qui résume toutes les autres, parce qu'elle n'en excommunie aucune et sait toujours rappeler à la première place l'intelligence aux fins vouloirs. Hardie par l'esprit et modérée en ses désirs, elle est la source généreuse des tentatives et des renaissances, et de siècle en siècle se parfait et se repose en d'harmonieux équilibres. Elle venait enfin de montrer, dans une levée d'armes qui avait stupéfié ses ennemis, qu'elle est toujours une admirable nation de guerriers quand il lui faut surgir pour sa sauvegarde.

Ainsi, dans sa mission de soldat, Baltis était séduit par le but : lutter pour la victoire française. Mais il avait marché vers ce but avec une incom-

parable aisance, parce que la qualité d'action re-
quise concordait avec ses préférences profondes.
Il avait pu se donner vraiment de tout son cœur.

Il se plaisait dans le risque et s'amusait dans le
danger. Entre lui et ses hommes s'était établi un
rapport d'ascendant et de confiance dont il sentait
la haute noblesse et la parfaite proportion, assou-
pli qu'il était à s'éprendre des choses avec discer-
nement. Sa part de commandement, pour locale
qu'elle fût, s'était révélée efficace, franche de
toute amplification littéraire, réelle. S'unir par un
lien strict à une immense chose humaine était
pour lui un privilège, et l'idée qu'on y pût voir
un sacrifice l'eût fait sourire, ce qui était parfois
sa façon de s'indigner.

Trop sincère pour souhaiter d'autre récompense que celle qui se consomme dans l'acte
méritoire, trop humble pour se croire capable
d'attirer des bienfaits par l'intercession de sa mort,
il a sans doute considéré celle-ci comme un
accident, et rien de plus. Mais quand il l'a sentie
venir, il a pu l'affronter sans rancune. Il avait ris-
qué sa mise loyalement, et la perdait selon les

règles du jeu. Dans la sérénité de sa dernière heure, relisant d'un coup d'œil le chemin qui l'y avait conduit, je pense qu'il l'a trouvé spacieux, souple de trait, bien orné. Si sa mort n'ajoutait rien pour lui-même à sa vie, si elle lui imposait le repos quand il n'était pas encore las, il savait pourtant qu'elle continuait sa tâche, et ne tromperait point ceux qui chercheraient dans son exemple un appui.

J'admire ce dévouement lucide pour une cause choisie.

J'aime cette mort humaine au service de la France.

Novembre 1915.

LE RÊVE DU LOISIR

VOICI venu le second hiver, que de toutes parts on se dispose à franchir sous les armes. La guerre s'appesantit, et si l'imagination de sa fin déçoit comme un songe que le jour désagrège, elle-même est devenue trop habituelle pour que ne se relâche pas le despotisme de son fait. Quand leur maître vieillit, les raisons et les causes, humbles suivantes du Réel, s'enhardissent. De même que la question « pourquoi vivre ? » ne se pose qu'au déclin de la vigueur, l'action guerrière, perdant son goût profus des premiers mois, nous livre à la curiosité de savoir sur quel thème elle se donne.

« Nous nous battons pour nous défendre » — tranche le commandant Clotaire, avec son prévisible bon sens. (Et il n'omet pas de se comparer au paysan qui décroche du manteau de la cheminée son vieux fusil à pierre pour abattre les malandrins qui ont forcé la clôture et menacent la fille de ferme.)

Bien sobre, en vérité, l'esprit que l'évidence abreuve !

Nous nous battons contre l'Allemand, et de grand cœur, avec la volonté de cinquante générations de Français épaulant leur mauvaise frontière contre le flot de la mer impacifique. Nous aussi, nous sommes une Hollande dont l'existence est liée au maintien de sa diguè ! Il nous faut assécher l'eau amère qui a fait brèche et pollue nos provinces. Et nous espérons — espoir de onze cents années — ne plus camper cette fois devant l'inondation à peine contenue, mais la rejeter hors de la bonne muraille du Rhin qui nous fut assignée contre elle.

Cette conviction de défense rend compte de l'esprit d'invincibilité qui est en nous; elle n'ex-

plique pas pourquoi la défaite serait plus et autre
chose que notre propre ruine; elle n'explique pas
le rayonnement de la France, cette grande ferveur religieuse qui se communique aux alliés
d'aujourd'hui, gagne les alliés de demain. N'est-ce
pas que nous sommes attachés à quelque chose
de plus haut que nous, de plus noble encore que
l'instinct de sauvegarde ?

La Grande Guerre est l'aboutissement d'un
long antagonisme sur le plan terrestre; c'est aussi
la phase décisive d'un dualisme essentiel dans le
plan de la vie. Le terme le plus évident de ce
dualisme, le plus facile à définir, est celui qui
se tient hors de nous. Examinons-le d'abord, et,
par contraste, il éclairera mieux celui qui est
nôtre.

L'idéal germain se propose une mise en exploi-
tation brutale du monde, par le moyen d'un contrat qui fait sortir du travail non des œuvres, mais
des tâches, qui fait livrer par la terre des outils
plus encore que des grains, où la richesse engen-
dre les besoins et non la jouissance, où la science
n'est admise que comme un multiplicateur maté-

riel, et d'où l'esprit est exclu. Par ce contrat d'esclavage, les ressources que l'on croit capter, enrôlent à leur tour les hommes pour satisfaire à d'artificielles exigences : les voilà affairés, haletants, étiquetés pour des besognes que des rapports factices lient seuls aux nécessités vitales, et qui pourtant ne savent rien créer de valablement superflu. L'amplification des moyens devenant le but, ferme sur elle-même un cercle où l'activité prisonnière s'affole.

Pendant un siècle, nos voisins développèrent cet idéal de démesure productrice avec un acharnement qu'il eût été peu conforme à nos mœurs d'intelligence de ne pas considérer avec intérêt. Une malsaine apparence de grandeur se levait du monceau insolite d'énergie potentielle accumulé près de nous. Il semblait que le surhomme, au lieu de rester décemment stérile comme il sied aux êtes prodigieux, eût essaimé en une race et tentât d'escalader le ciel par une nouvelle tour de titans.

Le danger immédiat n'était pas de trop admirer, mais de s'en tenir à condamner par l'esprit.

Notre clairvoyance eût aisément discerné, sous le masque d'ordre divin de la machine allemande, le diabolique instrument de désordre. Car l'ordre tend à maintenir une harmonieuse diversité, et non à niveler avec rudesse. Il tend surtout à stabiliser, et ce qui est ordonné doit pouvoir s'appuyer sur ce qui lui est semblable. En est-il ainsi d'une nation dont les forces et les fils brutaux surabondent au point que si une nation identique se développe à son flanc, chacune se faisant un besoin de crever hors de l'espace natal, exaspère sa virulence jusqu'au jour du massacre inévitable ?

Oui, par l'esprit seulement l'on pouvait démontrer que la menace ne venait pas de notre faiblesse relative, mais du crime latent de leur force démesurée. Et cette évidence même aggravait le danger, car ce n'était pas autour d'une table, ni même en champ clos qu'allait se donner le jugement.

Le dernier empereur de l'une de ces dynasties chinoises qui, avant de choir, faisandèrent avec de si précieuses effluves, envoyait recruter dans les provinces et les pays vassaux les prêtres, docteurs, bonzes, mages, lamas et jusqu'aux dieux incarnés, s'il s'en trouvait d'aventure, puis les associait par paires, trios ou conciles, jusqu'à ce qu'il parvînt à doser un mélange où les croyances mises en joute s'annulaient précisément. Si parmi ses champions s'étaient glissés des gladiateurs, le jeu eût été faussé et son plaisir perdu.

Le prophète de Germanie ne fut jamais disposé à s'aligner avec les autres pour briguer loyalement la palme. La culture de la force ne tolère ni arbitre, ni partenaire, ni curieux : rien que des servants et des cibles. Dès qu'il fut avéré qu'elle se pratiquait exclusivement à nos portes, il devint beaucoup moins urgent de raffiner sur la définition de nos tendances, que de subsister.

Mais cette obligation, fût-elle prouvée jusqu'à la certitude, ne pouvait sans une discrète métamorphose, engendrer l'effort décisif. Exiger de ses préférences d'instinct qu'elles abdiquent pour conquérir le droit de se satisfaire, implique un pouvoir de contrôle qui ne peut être vulgarisé. Et la France manque d'un gouvernement assez sta-

ble pour lui tenir lieu de conscience : on n'accepte
pas d'un égal qu'il vous impose des visières pour
assurer votre pas.

A reprendre d'ici l'histoire de quinze années,
on distingue pourtant l'agir d'une volonté tenace
et fidèle, donnant l'effort requis. En de mystérieux
Etats généraux, notre race semble avoir suscité
un Régent, qui, coupant au plus bref, lui imposa
une morale temporaire, aussi proche de celle de
l'ennemi qu'il était indispensable, mais d'aspect
juste assez différent pour la pouvoir affirmer contraire. Un germanisme masqué fut notre loi d'in-
fortune.

Dès lors, comme il fallait forger des armes,
tout ce qui tendait à la production se vêtit d'un
uniforme vertueux. Il fut louable de dessiner des
bielles et non des arabesques, d'assembler des
pièces de machines plutôt que des nuées. La spé-
culation intellectuelle devint un vice plus néfaste
que l'opium. Il est mal, assura-t-on, de perdre dix
années de sa vie — et les plus actives — à battre
un maquis jamais cadastré pour retomber à trente
ans, le pas alourdi et les reins las, sur la grand'-

route inévitable. Dès l'adolescence, il faut se spécialiser, s'astreindre à une discipline sévère, éprouvée, parallèle à une hygiène efficace.

L'Allemand, enseignaient les agents du Dictateur avec une fructueuse logique, fait six canons où vous en faites deux : il est donc trois fois plus moral. Et aucun rire n'éventait le sophisme, car une prompte censure veillait, taillant à la racine : dans les esprits. Il ne fallait pas divulguer que la pléthore allemande créait justement le danger, car l'on eût refusé de la prendre pour modèle, alors que l'égaler était une question de vie ou de mort.

Toute liberté s'était affadie, si fort était senti le besoin d'un dogmatisme autoritaire. Et même, comme un hochet à flatter notre manie de l'absolu, nous accueillîmes une certaine formule de régime royal, parfaite comme peut l'être une conception que ne contaminera pas l'expérience : nous avons tous été sujets de ce Roy, prudemment imaginaire.

Sous la gangue de nos institutions où s'écorchaient les pudeurs étrangères, une transmutation se faisait, que l'instant critique trouva parachevée. Nos forces matérielles étaient créées, et nos forces vives — profondément nôtres celles-là — s'étaient groupées et reconnues. Jamais guerre ne fut, aussi peu que celle-ci pour nous, un déchaînement de passions. Nos soldats y vinrent moins excités au meurtre et au pillage qu'ardents à se proposer des obligations. Pour la forme actuelle du combat, il faut plus de conscience, d'obscure ténacité, que de « furia ». Or, les qualités réputées les plus mal départies à notre race, primaient les autres chez le guerrier de 1914 : préoccupé de donner l'exemple, il tendait le nerf de la force morale jusqu'à oublier parfois d'y encocher de vraies flèches. Il s'imposait des fatigues pour essayer sa résistance, s'exposait pour affermir son courage. L'abnégation était sa vertu la plus commune, qui le fit se dépenser avec excès, mais vaincre.

Un fait demeure : lorsque l'ébranlement des hordes germaines souleva la vieille terre d'une onde d'effroi, la France fut la seule barrière assez forte pour être opposée. Ailleurs, il n'y avait que cloisons de stuc et claies d'osier. Il restàit ici du granit.

*

Rendons grâces à notre Régent : une nation qui sait se pourvoir ainsi doit avoir confiance en son destin. Mais ce maître de notre race ne veut être obéi aveuglément que dans la tempête, et l'énervement avant la tempête. Quand la sérénité reviendra au ciel intellectuel, nous lui devrons l'hommage digne de le toucher : comprendre. Il faudra reconnaître alors à la discipline secrète qui nous fit maîtres de l'heure, sa valeur exacte, immense et passagère, afin de l'endiguer dans la nécessité qui l'institua. Peut-être n'est-il pas prématuré de la disjoindre de notre idéal permanent, par crainte de faire triompher celui contre lequel nous brisons de fortes lances.

Nous avons arrêté l'ennemi avec l'arme dont il avait eu le choix, et bientôt nous le battrons; bientôt nous réaliserons le patient vouloir millénaire, qui est de nous donner du large, de guérir cette meurtrissure de l'épaule droite que tout Français porte de naissance, comme une tare héréditaire.

Màis quel ordre apportons-nous qui destituera l'ordre barbare ?

« Vous êtes la paresse, la tolérance, le gaspillage », proclamait l'agresseur. Forts de notre conscience, et conscients de notre force, nous ne devons plus hésiter à lancer le mot qui confonde l'imposture. Nous sommes les ligueurs de la civilisation véritable, que chaque pensée quotidienne décèle plus inconciliable avec l'allemande, tant par la basse qualité des actes immédiats que celle-ci nécessite, que par la menace qu'elle établit d'une faillite de la destinée humaine sous la folie de l'exubérance matérielle. Car le progrès dynamique, issu de la civilisation, met à sa portée, avec une facilité tentatrice, le foisonnement des forces-assujetties, hors de la limite où elles sont bienfaisantes et facilitent pour les peuples l'accomplissement des grandes œuvres statiques. Ainsi, la civilisation porte en elle un germe qui menace de l'étouffer si elle ne s'en garde. Elle doit le maîtriser par une discipline régulatrice, la *modération*. Cette vertu, latine, fille de la clairvoyance qui restitue aux valeurs leur stricte relativité, lui donne un pouvoir de contrôle grâce auquel l'être-roi peut jouir, à chacun des cols où le conduisent ses étapes ascendantes, de l'effort ancestral de domestication des substances et des lois terrestres. Il oblige son industrie à lui rendre compte de la mission qu'il lui confia : diminuer, dans l'existence, la part nécessiteuse. Pour acquitter la rançon de la faim, il évite d'encourir un esclavage plus abaissant que la quête au gibier de l'homme quaternaire. Il gagne quelque chose qui n'est pas non plus la paresse aux spontanéités décevantes; il conquiert le droit au loisir.

Le loisir est le temps que l'on réserve pour le consacrer à l'objet d'un choix. Alternant avec le travail, selon la loi rythmique de la vie, il ne saurait prétendre à devenir un état permanent de béatitude : il est fait de moments discontinus voués au culte intérieur. Le travail n'épuise pas à lui seul l'énergie humaine : l'esprit trop spécialisé l'absorbe comme un alcool dont il reçoit l'excitation quotidienne et l'hébétude absolvante, et néglige de lever sur chaque journée laborieuse ses prémices immatérielles. Le loisir honoré exige l'effort de tous le plus volontaire, parce qu'il est désasservi. Son impulsion interne lui confère l'unité, sous les formes nombreuses qu'il revêt : examen du penseur, synthèse de l'artiste, avènement secret du croyant, méditations de l'amour, de l'affection, de la curiosité, de la connaissance, selon les penchants divers.

La beauté de notre race se peut attribuer à l'emploi qu'elle sut faire de ses loisirs : elle n'a pas mésusé du temps qui lui était *remis*.

Une tradition de culture la fait gardienne du champ sacré où l'on demande au labeur sa féconde moisson spirituelle, où le loisir prend une plénitude succulente, fruit vermeil qui reçoit de la munificence solaire l'accomplissement de ses parfums, mais dont la nourriture d'une forte sève est la condition de croissance.

C'est par la qualité de leur loisir que se classent les hommes et qu'ils établissent leur droit. Mais à la cour où nous ont appelés les hérésiarques de la démesure, une seule preuve sera reçue: le poids supérieur de nos armes. Dévouons-nous à la tâche d'asséner cette preuve, éclatante et drue, sans ménager les sacrifices, et le premier de tous : celui justement de ce que nous voulons acquérir.

Que toute liberté de choix se condense en l'asservissement nécessaire, jusqu'à la victoire, et l'édification après la victoire ! Apposons les scellés sur le butin déjà promis dont il faut différer la jouissance et que nous laissons à l'abri, dans son enveloppe de mots.

Janvier MCMXVI.

TABLE DES MATIÈRES

On se lasse de tout,

excepté de connaître.